KB149764

기획서 제안서 작성매뉴얼
(예문 70, 양식 31)

코페하우스

머리말

이 책은 기획과 제안의 기술과 수립방법, 정리 방법, 기획서 제안서의 70가지 예문과 보고서 품의서 계획서 31가지 양식으로 구성하여, 기획서 제안서를 작성하는 매뉴얼로 사용할 수 있도록 하였습니다.

기획과 제안은 아무리 아이디어가 뛰어나도 그것을 설득력 있는 논리전개로 문서화 하여 제시할 수 없다면, 기획과 제안은 실현 불가능합니다. 뛰어난 아이디어가 현실에서 결실을 보기 위해서는 문서로 작성하는 능력이 필요합니다.

이를 위하여 다음과 같이 저술하였습니다.

첫째, 기획과 제안의 발상이 되는 아이디어 등에 대한 기획과 제안의 기술 12가지 핵심포인트와 10가지 수립방법을 설명하였습니다.

둘째, 기획서와 제안서의 작업 단계와 구성방법, 입안에서 제출까지 정리 방법을 설명하였습니다.

셋째, 기획서 제안서 관련 예문 70가지를 제시하고, 각각의 예문에 대하여 작성목적과 검토사항을 설명하였습니다.

 - 경영계획, 기념행사, 총무인사 관련 작성 예문
 - 신상품, 전시회, 판매점 관련 작성 예문
 - 생산, 개발 관련 작성 예문
 - 정보처리, 매스컴 관련 작성 예문

셋째, 보고서 품의서 계획서 관련 작성 양식 31가지를 두어 이를 참고하여 작성할 수 있도록 하였습니다.

끝으로 독자의 아이디어 등에 대한 기획과 제안의 발상이 설득력 있는 기획서 제안서로 작성하는 데 조금이라도 도움이 된다면 저자로서 큰 보람이겠습니다.

저자 씀

차례

머리말 · 3

제1장 기획·제안의 기술과 수립방법 · 9

1. 기획은 주제로부터 발상한다   10
2. 제안은 문제의식으로부터 발상한다   12
3. 기획·제안은 아이디어가 생명이다   14
4. 기획·제안은 전략과 전술로 구상한다   16
5. 기획·제안에는 설득력이 필요하다   18
6. 기획·제안에는 사전교섭이 필요하다   20
7. 기획·제안에는 데이터를 활용한다   23
8. 기획·제안은 알기 쉽게 어필한다   25
9. 기획·제안에는 실시 순서가 있어야 한다   27
10. 기획·제안은 자기선전이라고 생각하라   29
11. 기획·제안의 기술 12가지 포인트   30

제2장 기획서·제안서의 정리 방법 · 35

1. 기획·제안작업의 단계와 문서화   36
2. 기획·제안서의 구성과 표현법   38
3. 기획서를 정리하는 포인트   40
4. 제안서를 정리하는 포인트   42
5. 기획자·제안자의 적성과 마음가짐   44
6. 기획·제안 발상의 정리 방법   46
7. 기획·제안의 입안과 제출 방법   48
8. 기획과 그 실시 일정의 관리   50

제3장	경영계획·기념행사 관련 기획서·제안서 · 51

1. 경영계획서 1	52
2. 경영계획서 2	56
3. 경영시책 실시 제안서	62
4. 경영계획 실행위원회설립 제안서	65
5. 자회사설립기획서	68
6. 창립 20주년 행사 프로젝트팀설치 제안서	72
7. 창업 50주년 기념행사기획서	75
8. 지점설립 10주년 기념파티 기획서	78
9. 증자인수기획서	80
10. 회사명 변경 제안서	83
11. 회사창립 10년사 발행 기획서	86
12. CI프로젝트 도입 제안서	89
13. 사내벤처 육성 제안서	93

제4장	총무·인사 관련 기획서·제안서 · 97

14. 본사 사옥건설용 부동산구매 기획서	· 98
15. 회사의 리스이용 제안서	101
16. 화재 예방주간 행사 제안서	104
17. 문서보존규정 개정 제안서	107
18. 자료종류 감축 제안서	109
19. 폐기용지 분리·회수 기획서	111
20. 사외경조·기부규정 제정 제안서	114
21. 인사평가제도 개정 기획서	116
22. 연수회 기획 제안서	119
23. 재충전 휴가제도 도입 제안서	122
24. 생산부문 플렉스근무 검토팀 설치 기획서	128
25. 인사자료·급여계산 전산화 제안서	131
26. 신입사원 연수 기획서	134
27. 교육담당자 연수 기획서	136

28. 사원연수회 기획서　　　　　　　　　　　　140
29. 파견근무 기획서　　　　　　　　　　　　　142

제5장　　　　신상품·전시회·판매점 관련 기획서·제안서 · 144

30. 건강식품 개발·판매사업 제안서　　　　　　145
31. 신상품 기획·개발 기획서　　　　　　　　　148
32. 상품설명회 기획서　　　　　　　　　　　　151
33. 신제품 홍보 기획서　　　　　　　　　　　　153
34. 판매점 체인점화 제안서　　　　　　　　　　156
35. 파일롯 숍 출점 기획서　　　　　　　　　　159
36. 사원소개 세일 캠페인 기획서　　　　　　　162
37. 여성 가전제품관리사 제도 제안서　　　　　165
38. 이벤트 출전 기획서　　　　　　　　　　　　168
39. 발렌타인 콘서트 기획서　　　　　　　　　171
40. 전시회 출전 기획서　　　　　　　　　　　　176
41. 통신·전기설비기기 견본시장 출전 기획서　178
42. 건축재료 전시회 출전 기획서　　　　　　　181
43. 해외조사단 결성 기획서　　　　　　　　　184
44. 점포관리 시스템 제안서　　　　　　　　　　186
45. 전국여성 가전제품관리사회의 개최 기획서　189
46. 전국판매회사 가전제품관리사회의 비용기획서　193

제6장　　　　생산·개발업무 관련 기획서·제안서　· 196

47. 신제품개발기획서 1　　　　　　　　　　　197
48. 신제품개발기획서 2　　　　　　　　　　　200
49. 기술위원회제도 신설 기획서　　　　　　　203
50. 생산합리화계획 제안서　　　　　　　　　　206
51. 제품종합평가 시행 기획서　　　　　　　　208
52. 신제품 시장투입의 프로젝트팀설치 기획서　211

53. 생산설비 구매 기획서　214

54. 기계설비 증설 기획서　217

55. 생산성혁신연구회 설치 기획서　220

56. 조사연구위원회 설립 기획서　223

57. 특허관리 온라인구축 기획서　226

58. 업무개선 제안제도 개선 제안서　229

59. 업무개선 제안서　232

60. 소집단 활동 활성화 제안서　235

61. QC 추진상황 사장진단 실시 기획서　238

제7장　정보처리·매스컴 관련 기획서·제안서　· 241

62. 정보 시스템화 추진 제안서　242

63. 판매정보 데이터베이스 확대 제안서　245

64. 생산계획 시스템화 기획서　248

65. 컴퓨터활용사례 발표회 개최 기획서　252

66. 컴퓨터교실 설치 제안서　255

67. 컴퓨터 바이러스 대책 기획서　258

68. 사내 위성통신설비 설치 기획서　260

69. 거래처 경조 기획서　263

70. 일간신문 사장 홍보제안서　266

제8장　보고서 관련 양식　· 269

71. 감사보고서　270

72. 검사보고서　271

73. 검수보고서　272

74. 결재업무보고서　273

75. 구매보고서　274

76. 국내출장보고서　275

77. 납품가격변동보고서　276

78. 미수연체금 발생상황 보고서   277
79. 매입처별구매단가 변동보고서   278
80. 보고서계출서   279
81. 사고보고서   280
82. 업무보고서   281
83. 연수보고서   282
84. 영업보고서   283
85. 판매현황보고서   284
86. 재고조정보고서   285
87. 중요사항보고서   286

제9장   품의서 관련 양식   · 287

88. 구매품의서   288
89. 여비교통비 지출품의서   289
90. 자재출고품의서   290
91. 지출품의서   291
92. 특별지급품의서   292
93. 이사회개최품의서   293
94. 예산전용품의서   294

제10장   계획서 관련 양식   · 295

95. 감사계획서   296
96. 교육계획서   297
97. 구매계획서   298
98. 시제품제작계획서   299
99. 신입사원 교육계획서   300
100. 영업부 시장전략 판매계획서   301
101. 판매대금수금 계획서   302

제 1 장
기획·제안의 기술과 수립방법

1. 기획은 주제로부터 발상한다
2. 제안은 문제의식으로부터 발상한다
3. 기획·제안은 아이디어가 생명이다
4. 기획·제안은 전략과 전술로 구상한다
5. 기획·제안에는 설득력이 필요하다
6. 기획·제안에는 사전교섭이 필요하다
7. 기획·제안에는 데이터를 활용한다
8. 기획·제안은 알기 쉽게 어필한다
9. 기획·제안에는 실시 순서가 있어야 한다
10. 기획·제안은 자기선전이라고 생각하라
11. 기획·제안의 기술 12가지 포인트

기획은 주제로부터 발상한다

 기획과 계획의 차이

경영 제1선에서는 언제나 「Plan·Do·See」가 이루어지고 있다. 계획하고 실행하고 통제하는 3단계를 통하여 업무가 수행되고, 다음의 2차 계획으로 이어진다. 업무는 이와 같이 나선 형태의 사이클을 그리며 진행된다. 이와 같은 계획은 거의 매년 반복되어 세워지므로, 큰 틀은 새롭게 생각할 필요가 없는 경우가 많다.

이에 대해서 기획은 목적이 백지에서 시작하기 때문에 실행도 통제도 백지이고, 그만큼 새롭고 독특한 것으로 주목받는다. 실패도 있으나 성공도 큰 고위험·고수익의 요소를 갖고 있다.

만약 「차기의 판매 계획을 세워라」라고 명령받았을 때, 예전의 실적을 근거로 매출목표액을 정하고 예년의 실천 순서를 수정한 안을 제출한다면, 계획으로서는 인정된다.

그러나 기획이라면 판매를 촉진하는 새로운 아이디어를 추가하고, 그것을 실행할 새로운 실천 방법을 제시하지 않으면 안 된다. 즉, 기획은 주제로부터 발상한다 해도 좋다.

기획과 제안의 차이

제안이란 「안을 제출하는 것」이다. 지금 이루어지고 있는 내용이나 방법으로는 제안이 되지 않는다. 제안자로부터 새로운 사항, 새로운 방법이 제시된다면 제안이 된다. 따라서 기획의 출발점이 제안이다.

단지 기획은 일의 일부분으로서 이미 직무에 포함되어 있다. 서무기획, 인사기획, 경리기획, 판매기획, 생산기획은 각각 광파일링화, 스킬온라인화, 전산회계화, 판촉 캠페인 안, 로봇 도입 등에 대응하여 기획된다. 그러나 제안은 누가 어느 부문에 제출하든 자유이다. 직제를 초월하여 세워도 상관없는 조금은 가벼운 느낌의 책임이 적은 안인 것이다. 즉, 기획과 제안은 비즈니스에서의 역할이 다르다.

 ## 자기 나름대로 테마를 파고든다

상사의 발상이나 타인의 발상을 흉내내서는 기획에 박력이 없어진다. 힌트는 얻어도 자기 나름대로 파고들어 독특한 것으로 완성시킨다. 여기서의 독특한 것이란, 엉뚱한 것을 말하는 것이 아니므로 주의하자.

만약, 판매촉진의 기획을 했다고 하자. 목적을 매출증가로 한 경우, 출자를 늘리는 것이 좋을지, 거액 고정고객을 파악하면 좋을지, 상품 종류를 많게 하면 좋을지……, 그 테마의 설정으로 기획이 크게 달라진다. 가장 적은 노력·비용으로 가장 큰 성과를 내는 방법은 어떤 것인가, 자기 나름대로 파고들어 테마를 생각한다.

제안은 문제의식으로부터 발상한다

 제안제도는

　일본의 에도시대에 목안상(目安箱)이라고 한 제도가 있었다. 당시 정치의 최고 권력자인 장군과는 일정 신분의 자가 아니면 만날 수 없었다. 당연히 장군에게 의견을 말할 수 있는 자는 소수로 한정되었고, 그것도 여러 가지 절차를 거치지 않고는 말할 수 없다. 말하는 내용도 일정 형식으로 한정된다. 이 상태로는 장군에게 세상의 정보는 전달되지 않는다.

　그래서 에도성의 커다란 문 앞에 목안상(目安箱)이라고 하는 상자를 두어 장군에게 직접 알리고 싶은 일이나, 고소하고 싶은 일을 작성하여 넣어 두고 장군이 직접 읽도록 하였다. 목안상(目安箱)의 열쇠는 장군이 직접 관리하여 다른 자가 마음대로 열지 못하도록 하였다. 장군은 있는 그대로의 정보를 원했던 것이다.

불평·불만을 문제로써 파악한다

현대의 제안제도는 현장의 불평이나 불만을 접수하기 위한 것이 아니다.

추구하고 있는 것은 동기가 어떠하든, 경영상 플러스가 되는 의견이다. 제안의 동기가 불평이나 불만이라도 반드시 잘못된 것이 아니다. 그만큼 강하게 느끼고, 깊이 생각하고 있던 것이면, 마이너스를 플러스로 바꾸는 에너지가 있다. 그러나 불평·불만이 자신만의 생각에 머무르고 있는 한, 그것은 푸념이 되어 버린다. 말해도 어쩔 수 없는 것이 푸념이지만, 이에 대해 말할 만큼 가치가 있는 불평·불만의 내용이라면 제안이 된다.

기획·제안은 아이디어가 생명이다

 생각과 발명

타인으로부터 주목받는 기획이나 제안에는 보통은 생각이 미치지 않는 것 같은 훌륭한 생각이 포함되어 있다. 이것을 아이디어가 있는 기획이나 제안이라고 한다.

발명이란 지금까지 세상에 없었던 유효한 것을 새로이 만들어 내는 것이지만, 이를 만들어 내는 동기가 된 것은 발명자의 생각·착상에 있다. 발명이 완성되기 위해서는 생각만으로는 안 되며 원천은 발명자의 아이디어에 있다.

이와 같이 기획·제안에도 기획자·제안자의 독자적인 착상으로부터 나온 아이디어가 없다면 주목받지 못한다.

 요구로부터 아이디어가 생긴다

경영에 있어서 아이디어란 무엇인가를 검토해 보자. 기업경영의 목적은 이윤의 추구에 있으므로 이에 공헌할 수 있는 사고방식(안)은 모두 아이디어가 될 수 있다.

그러나 일상의 기업 활동은 이미 이 목적에 따라 운영되고 있으므로 그 수단·방법에 관한 요구는 기본적으로는 만족시키고 있다.

그중에서도

「지금 부족한 것」

「지금 없는 것」

「지금 어려움을 겪고 있는 것」이 있다.

이러한 요구를 문제의식을 느끼고 발견하면 아이디어가 생긴다.

아이디어를 낳는 발상은 위에서 말한 것처럼 마이너스를 플러스로 바꾸고자 할 뿐만 아니라, 보다 플러스 요구를 추구하여 발상할 필요가 있다.

예를 들면

「좀 더 새로운 것」

「좀 더 재미있는 것」

「좀 더 특이한 것」은 없는지 문제의식을 느낀다.

특히 최근의 상품 개발에는 전자의 발상 보다 후자의 발상이 요구되고 있다. 현재의 상태에 만족해서는 아이디어는 나오지 않는다.

「필요는 발명의 어머니」라고 말하듯이 현재의 상태에 만족하지 않고 새로운 요구를 만드는 것이 아이디어를 만들어 내는 동기가 된다.

기획·제안은 전략과 전술로 구상한다

 전략을 세우고 전술을 다듬는다

경영계획에서 기업전략, 경영전략, 판매전략 등이라고 하는 말이 사용된다. 이 전략은 전술과 병용되는 군사용어이다. 「전략을 내세우고 전술을 다듬는다」라고 하여 이 2가지는 작전에 빠뜨릴 수 없는 수법이 되어있다.

군사용어에 있어서 전략이란, 전쟁에 이기기 위한 기본방침·목표이다. 예를 들면, 나라와 나라의 전쟁에서 상대국의 경제력을 약하게 하여 승리로 이끄는 방침이 전략이다. 이를 위해서는 외교로 국제적인 협력을 요청하거나 국경을 봉쇄하는 등의 방법을 강구한다. 이것들이 전술이다.

 전략 없이 기획은 없다

기획에서도 먼저 무엇을 노리고 무엇을 하려고 하는가, 기본방침 즉, 전략이 확립되어 있지 않고서는 전진하지 않는다. 이 기본방침이 애매한 채, 다음의 구체적인 방법(전술)을 생각하여도 그다지 의미가 없다. 전략이 있어야 전술이 구상되며, 그 반대는 성립하지 않는다. 기획은 전략하에서 전개된다. 전략이 없다면 기획은 구체화할 수 없다.

전략과 전술을 조화시킨다

기획은 전략=방침과 전술=구체적인 방법의 양자 조화를 취하는 것이 좋다. 아무리 훌륭한 방침을 제시하여 그 실현을 향한 구체적인 방법이 빈약해서는 좋은 기획이 되지 않는다. 반대로, 개개의 구체적 방법이 뛰어나도 그것들을 하나로 합치는 방침이 명확하지 않다면 좋지 않다. 방침과 구체적 방법이 하나가 되어 구상되지 않으면 기획은 불완전한 것이 된다.

즉, 전략이란 발상의 원점이 되는 것이며, 전술은 그 발상을 부풀려 확실한 것으로 하는 작용이 있다. 우수한 기획은 전략과 전술이 긴밀한 연대를 유지하고, 또한 전체로서 조화하고 있다.

5	기획·제안에는 설득력이 필요하다

 지론 없이는 설득력도 없다

기획·제안은 결정권자가 납득하지 않는다면 채용되지 않는다. 보통, 입안자의 내용이 그대로 채용되는 일은 드물고, 그것을 원안으로 하여 관계자가 검토를 가하는 사례가 많다. 그럴 때 필요한 것이 입안자의 설득력이다.

사람을 설득하기 위해서는 먼저 자기 생각을 확실히 가지고, 지론에 근거한 안을 만든다. 지론은 자신이 계속 갖고 있던 생각이다. 힌트가 타인의 의견일 때는 깊이 파고들어 완전히 자신의 것으로 만든다.

 다수의 의견을 두려워해서는 안 된다

기획·제안은 채용되고 싶은 마음에 여하튼 다수의 의견에 따른 내용이 되기 쉽다. 그러나 새로운 아이디어나 색다른 생각은 보통의 대부분 사람의 머리에 없는 것이기 때문에 처음부터 찬동하는 사람이 많을 리 없다. 오히려 찬동을 보류하는 사람이 많고, 거기서 필요하게 되는 것이 개별적으로 「나누어 알게 하는 방법」이다.

10명의 찬성자 보다 1명의 이해자

　기획·제안은 반드시 관계자 전원의 찬성을 얻고자 하지 않아도 괜찮다. 사람의 생각은 십인십색으로 다른 생각이 존재하는 것은 오히려 당연하다. 생각이나 사고 방식이 달라도 그 안이 우수한 것이면, 설득의 노력에 따라 반드시 이해자가 나타난다. 1명이라도 진정한 이해자를 얻는 것이 기획·제안에서는 중요하다.

6   기획·제안에는 사전교섭이 필요하다

 관계자에 대한 배려를 잊지 마라

기획의 경우는 상정할 수 있는 관계자에게 대한 배려를 잊어서는 안 된다. 특히 타 부문과 관련한 사업 기획이나 회사 전체적인 행사 기획의 경우는 참가하는 사람들에 대한 배려 없이는 모처럼의 안도 성립되지 않게 된다. 기획을 정리하는 과정에서 어느 정도의 사전교섭이 필요하다.

사전교섭이란 정원사에게서 나온 말로 나무를 이식한 때, 뿌리의 끝부분을 정성스럽게 흙에 이식하지 않으면, 나무가 뿌리를 내리지 않는다고 하는 훈계이다.

이와 같이 어느 것을 하고자 할 때는 말단의 사람에게까지 인사를 해 두라고 하는 교훈이다. 기획의 종류에 따라서는 사전교섭의 필요가 없는 예도 있으므로, 어느 정도의 사전교섭을 해야 하는가의 척도도 없지만, 이 일본적 습관을 잊어버린다면 생각지 못한 장애가 생기기 때문에 주의하여야 한다.

몰랐던 사람은 협력하지 않는다

기획을 토의하는 자리에서 「나는 이 건에 관하여 듣지 못하였다」, 「몰랐다」고
발언하는 사람이 있다.

기획의 상관도

(적은 기획을 다수의 기획으로 변신, 다수의 기획을 큰 다른 기획으로 변신 시 등)

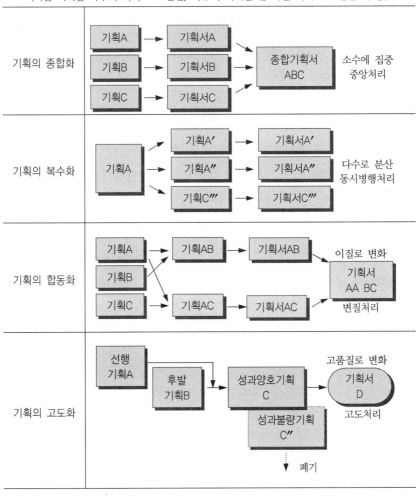

그 사람의 내심은 「사전에 듣지 않았기 때문에 바로 협력할 수는 없다」고 하는 불만이 엿보인다.

본래 회의란 출석자가 선입관 없이 제출된 안건을 토의해야 하지만, 인간관계를 중시하는 일본인에게는 사전에 그 것을 알리지 않은 것을 소외됐다고 느끼는 사람이 많다.

말하자면 감정적인 응어리이지만, 그것이 계속 영향을 미친다. 특히 다른 사람은 알고 있는데 자신은 몰랐거나 자기만이 듣지 않은 경우, 이 감정적인 응어리가 깊어져 이후 협력하지 않게 된다.

 ## 알고 있는 것만으로는 찬동하지 않는다

사전 교섭이 역효과가 된 예를 생각해 보자. 이미 알아 버린 관계자가 선입관으로 안에 대한 신선감을 잃거나, 자신의 이해로부터 판단하여 예방선을 그어 버리는 경우이다.

따라서, 동일한 사전 교섭을 한다면, 앞에서 말한 것처럼 상대로부터 취재하고, 관계자의 의향을 미리 알아차린다. 그중에서 우수한 의견이나 아이디어가 있으면, 그것을 기획안에 넣어 둔다. 그렇게 하면, 그 새로움이 자기 생각에 맞는다고 찬동해 줄 것이다.

| 7 | 기획·제안에는 데이터를 활용한다 |

 데이터 없이 전략도 없다

먼저 배경 분석과 현재 상태의 분석 작업을 한다. 배경이란, 그 사항의 사회적 상황이나 요구의 정세이며 현재 상태란 그에 대응한 현시점의 상황이다. 이 2가지가 명확히 되어 있지 않으면 무엇을 위해 그것을 실시하든지 전략의 필요성을 설득할 수 없다.

배경이나 현재의 상태는 주관만으로는 판단할 수 없다. 가능하면 독자적으로 조사하여 객관적인 데이터를 갖추도록 한다. 이미 조사 된 데이터를 수집하는 것도 좋다.

기획은 조사가 목적이 아니므로 이와 같이 기존의 데이터를 이용하는 것이 일반적이다. 이 경우 중요한 것은 데이터의 출처이다. 가능한 한 권위 있는 데이터를 이용한다.

 문제의 소재를 데이터로 나타낸다

숫자나 수치로 나타낸 정량정보는 기획의 현재 상태의 분석이나 실시의 전술에서 크게 활용할 수 있지만 이미 하나의 정보로서 정성 정보가 있다. 예를 들면, A와 B는 우호 관계에 있고, B와 C는 적대 관계에 있다고 하는 정보이다. 이것들은 숫자로는 나타낼 수 없지만, 결정적으로 중요한 정보(데이터)가 된다.

기대 가능한 성과를 데이터로 나타낸다

성과를 기대하지 않는 기획은 없지만, 그 성과가 어느 정도일지, 관계자는 관심을 두고 있다. 그 관심에 응할 수 없는 기획은 그다지 흥미를 끌지 못한다. 이 관심에 응하기 위해서는 정량정보가 필요하다. 예를 들면, 회사에서 이와 같은 합리화를 도모하여 30%의 경비를 절감할 수 있었다고 하는 데이터는 설득력이 있다.

데이터는 반드시 다른 데이터를 인용하는 것만이 아니다. 가설을 세워 이러이러한 것을 실시하면, 이만큼의 경비를 절감할 수 있다던가, 이만큼 매출을 늘릴 수 있다고 하는 데이터는 그것이 객관성이 있는 것이라면 상당한 흥미를 유발한다.

 ## 나쁜 데이터도 적극적으로 파악한다

기획에 있어 좋은 데이터를 나타내는 것만이 데이터의 활용이 아니다. 오히려 나쁜 데이터도 기획 실시의 스프링으로써 활용할 수 있다.

예를 들면 매출이 부진한 상황에서 매출 촉진의 기획을 세울 때는 먼저 부진한 현재의 상태 분석을 철저하게 해야 한다.

이런 종류의 기획에서는 매출 부진의 원인을 극복하는 점에 기획의 출발점이 있으므로 솔직하게 나쁜 현재 상태의 데이터를 나타내어 왜 이와 같은 결과가 되었는가의 분석을 나타낸다. 단지, 나쁜 데이터는 적극적으로 파악하여 나타내지 않는다면 역효과가 된다.

8 　기획·제안은 알기 쉽게 어필한다

 흥미있는 안을 기획한다

기획을 세울 때는 사람들이 흥미를 갖는 안을 우선하는 것이 좋다. 흥미가 있다면, 이해하고자 하지만 그렇지 않은 때는 협력도 해 주지 않는다.

흥미를 느낄 수 있을지 어떨지는 감정의 문제이다. 감정적으로「재미있는가」「재미없는가」, 계산적으로는「이익이 되는가」,「이익이 안 되는가」로 흥미가 나누어진다.

 먼저 감성에 호소한다

행사의 기획 등에서는「이번에는 색다른 재미가 있을 것 같다」라고, 사람들의 감성에 호소하는 아웃라인을 나타내고자 한다. 처음부터 실시 내용을 너무 자세히 정해 버리면 거부 반응이 일어난다. 참가한 사람들에게 선택의 여지를 남기는 것도 하나의 방법이다.

 참가자의 이해를 무시하지 않는다

기획자는 자신만의 보람이나 흥미로 입안하기 쉬우므로 조심하였으면 한다. 관계자나 회사에 있어「재미있고 득이 되는」동기 부여를 포함해 만든다. 알기 쉬운 어필이란, 관계자가 저항 없이 참가하거나 협조할 수 있는 호소이기도 하다.

누구에게 알릴지를 오인하지 마라

　기획·제안은 알기 쉽게 어필하라고 말했지만, 이는 그 기획에 관계·참가한 사람들에게 대한 배려이다. 그 기획이 오로지 경영진이나 상사의 검토에 도움이 되는 경우에는 다소 다르다.

　경영진의 감성은 일반사원의 감성과는 다르다. 특히 연배의 경영진은 가벼운 방식을 좋아하지 않는다. 이와 같은 경우, 효과적인 것은 데이터를 기초로 한 배경 설명이다. 「이와 같은 상황을 위해 이것을 실시한 필요가 있다」고 하는 식으로, 굳이 말하자면 위기감이 배어 나오는 설득이 효과적이다.

9   기획·제안에는 실시 순서가 있어야 한다

 참가의 문호를 개방하라

기획은 많은 관계자나 참가자와 함께 실시된다. 당초부터 회사 전체적인 기획 또는 특정한 부문이나 프로젝트로 한정된 기획으로 구별되는 것도 있으나, 보다 많은 사람이 참가한 경우가 효과가 크다.

기업에서는 직무와 권한이 있기 때문에 함부로 그 범위를 초월하면 혼란스러우나, 가능한 한 그 문호를 개방하는 것도 하나의 방법이다.

 가능한 것부터 순서대로 나타내라

기획의 목표가 정해지고 실시의 큰 틀이 정해져도 그 실시의 순서가 명확하지 않다면 전체 모양이 구성되지 않는다. 관계자가 직접적으로 관심을 가지는 것은 자신이 먼저 무엇을 해야만 하는 것인가이다. 그것이 곤란하고 어렵다는 것을 안 것만으로 그 기획에 반대하는 사람도 있다. 따라서, 기획자는 기획의 실시 순서를 나타낼 때는 가능한 것부터 나타낸다. 앞에서 문호 개방이라고 하였으나, 참가자가 하기 쉽고 들어가기 쉬운 순서부터 나타낸다. 가능한 것을 먼저 나타내면, 사람들은 안심한다. 기획에 있어서 중요한 것은 과제의 성공으로 실시 순서는 수단이다. 실시 순서는 그 후에 변경해도 좋다.

구체적인 방법에는 경중을 섞어 둔다

　기획자가 나타내는 구체적인 방법이 전부 인정되는 경우는 드물다. 한 사람의
생각에는 한계가 있고, 100% 자신을 갖는다고 하는 것이 오히려 이상하다. 절대적
자신이 있는 계략도 있는가 하면, 아무래도 자신이 없는 계략도 있다. 무리하게 전
부를 자신 있는 계략이나 안으로서 정리한 필요는 없다. 당초의 안으로서는 자신
이 있는 부분과 자신이 없는 부분을 솔직히 혼합해 둔다.

10 기획·제안은 자기선전이라고 생각하라

 기업은 기획력과 적극성으로 평가한다

최근의 기업은 남과 같은 것을 똑같이 해서는 살아남을 수 없다고 하는 위기감을 느끼고 있다. 무언가 새로운 것을 해야 한다고 초조해하고 있다.

거기서 요구되는 것이 사원의 기획력과 적극적인 제안이다. 기획력이 문제가 되는 것은 초급 관리자이다. 품의제가 발달한 일본의 기업에서는 예전부터 초급 관리자에게 기획력이 있는지 어떤지가 시험되어 왔다.

기획서의 작성은 문서를 작성하는 능력도 시험하지만, 근본적으로는 무엇을 어떻게 입안했는지를 시험한다. 어떠한 발상으로 어떠한 입안을 하는지 보고 있다. 기획력을 시험하는 것이다.

자기표현을 두려워하지 마라

기획·제안이 자신을 선전하는 기회라면 스스로 생각하고 있던 것이나 자신의 능력을 힘껏 발휘한다.

빌려온 생각이나 직분 내에 멈추어진 능력으로는 기획이나 제안이 되지 않는다.

자기표현을 비약해 비웃음당할 것이라는 걱정을 날려 버리는 폐기를 갖는다. 자기 규제를 한다면 아이디어도 생기지 않고 표현도 할 수 없다.

기획·제안의 기술 12가지 포인트

 ## 1. 기획·제안의 소재 발견법

기획·제안이란 크게는 경영 방침의 실현으로부터 작게는 신변의 개선 제안까지 폭넓다. 전략·전술적인 기획·제안은 대체로, 위에서 주제를 주고, 그 실현을 위한 구체적인 방책의 제언으로서 기획·제안이 요구된다.

이와 같은 경우에는 개별적의 업무에 대해 그 구체화 대책을 세우면 된다. 씨앗은 이미 주어져 있다고 생각하기 때문에 소재 찾기는 오히려 간단하다. 어려운 것은 일상에서 개선 제안이나 기획이다.

 ## 2. 기획안을 정할 수 없을 때는

기획서가 여러 개 있어 정하기 어려운 경우에는 어떻게 하면 좋을까. 방법은 몇 가지가 있다.

① 검토 멤버가 각각 자신 가장 마음에 든 안을 투표하여 다수결로 선택한다.
② 검토 멤버 이외의 제삼자가 선택하도록 한다.
③ 복수 안을 병기한 채 제출하여 의사결정자가 선택하도록 한다.
④ 평가법

①부터 ③까지는 자주성이 없거나, 안을 제출한 후에도 불만이 남는다. 무엇보다도 선택의 방법에 설득력이 부족하여, 모처럼의 기획·제안이 거절당할 가능성도 있다.

④는 객관적인 설득성을 부여하기 위해서 가장 좋은 방법이다. 평가법은 다음의 순서로 행한다.

먼저, 비용, 예상 효과, 전제 조건, 필요조건, 충분조건 등의 요소로 분해한다. 다음으로 요소마다 그 중요도에 따른 핸디캡을 준다. 각 요소를 10점 만점으로 평가하고, 핸디에 득점을 곱한다. 마지막으로 합계를 하고 최고 득점인 것을 제1안, 다음을 제2안으로 한다.

 ## 4. 경영진에 받아들여지는 제안서

간결하게 하여 가능하면 A4 1장으로 끝낸다. 요점을 조목으로 작성한다.

· 전문 용어를 최저한으로 한다.
· 의사결정자가 항상 말하는 표어를 넣어 글을 만든다.
· 숫자로 데이터를 표현한다.

 ## 5. 시각적으로 구성한다

기획서·제안서의 작성 방법으로 문자가 빽빽이 열거되어 있으면 읽을 수 없다. 적정한 문자(텍스트), 적당한 여백, 알기 쉬운 도표, 삽화를 넣어 시각적으로 구성한다.

· 적정한 설명문자
· 알기 쉬운 도표
· 이해하기 쉬운 그림
· 여백 또는 공백
· 기타 구성

5. 속도는 생명

기획·제안을 요청받은 때에 의사결정자는 한시라도 빨리 기획서·제안서를 보고 싶어 한다.

시작할 때 납기를 들어 두는 것도 중요하나, 납기를 구체적으로 지시받지 못한 경우에는 빠르면 빠를수록 좋다.

어려운 기획으로 시간이 걸릴 것 같은 것은 중간보고를 한다. 또한, 중간보고 시 언제쯤 완성될지, 납기를 말해 둔다.

 6. 기획·제안의 타이밍

기획과 제안의 안을 제출하는 경우에는 타이밍이 대단히 중요하다. 예를 들면, 당해 예산이 결정되고 나서 자금이 소요되는 이야기를 꺼내면 좀처럼 경영자로부터 인정받기 어렵다.

또, 의사결정자와 약속도 하지 않고, 갑자기 제안서를 갖고 보고한다면 제출한 기획 및 제안의 입안자료는 방치될지도 모른다.

 7. 세련된 감각의 기획·제안

현대는 좋은 것을 만들었다고 해서 반드시 잘 팔린다고는 할 수 없다. 재미있는 것, 유일한 것, 독특한 것이 좋은 평가를 받는다. 「세련된 감각」이 선호된다. 기획·제안에도 세련된 감각을 포함해 상대를 깜짝 놀라게 하자.

· 재미있는 것
· 유일한 것
· 독특한 것

8. 계획성 있게 기획하고 실행에는 얽매이지 말자

계획성이 없는 이야기는 「꿈」이다. 꿈만으로는 제안으로서, 기획으로서 인정받을 수 없다. 상세한 계획은 실행 가능성과 같다 계획성 있는 기획 한다.

그러나 실행으로 옮겨졌을 때, 그 계획에 고집하고 있으면 일은 매끄럽게 진행되지 않는다. 시간과 동시에 환경 조건은 점점 변화한다. 이 변화에 따라가자.

 ## 9. 바람잡이를 만들자

프레젠테이션이나 제안 심의회에서 설명 후에 타이밍 좋게 바람잡이에게 발언하도록 하여 찬성 분위기를 높이는 방법이 있다. 바람잡이는 제안자와는 다른 부문 사람인 것이 설득력이 있으므로, 이 경우에는 사전에 교섭해 둔다.

 ## 10. 거절은 계기이다

자신 있는 기획·제안일수록 거절당한 경우에 분한 생각이 든다. 이 경우, 왜 거절당했는지 겸허하게 반성하자. 원인은 100% 제안자 측에 있다.

한번 거절당하거나 인정받지 못하거나 보류되어도 포기해서는 안 된다. 인정받지 못한 원인을 추구하여 안을 수정하고, 다시 도전해보자. 실패는 성공의 어머니이다. 거절당하면 이는 기획자·제안자에 있어서는 공부했다고 생각하는 것이 좋다.

11. 소박하고 어눌한 것도 기술의 하나

물이 흐르듯 매끄럽게 이야기하는 사람이 반드시 설득력 있는 사람이라고는 할 수 없다. 말주변이 없는 사람이 오히려 개성적이기까지 하다. 너무 유창한 이야기는 어쨌든 인상에 남지 않는다. 지금은 개성화 시대. 당신의 개성을 충분히 살려 깊은 인상을 주자. 설명자는 자신은 이야기가 서투르다고 생각하며 천천히 음미하면서 설명하는 것이 좋다.

 12. 피드백을 활용하라

기술에 관한 화제의 최후는 기획·제안이 실행에 옮겨진 후의 일이다. 개선 제안과 같은 자기와 가까운 것이라도 하나의 제안이 되고, 기획이 실행되면 반드시 관련된 기획·제안이 나온다. 이때, 지금 실행 중의 기획·제안의 출력, 실행 상황을 다음에 활용하는 것은 대단히 중요하다.

기획이나 제안은 제출하여 인가되면, 그것으로 끝나는 것이 아니다. 실시되어야만 의미가 있다. 이 실시 과정에서 상황의 모니터 정보는 다음의 기획·제안의 중요한 근거가 된다. 또, 계획대로 기획이 실시된 경우에는 그 기획은 우수한 것으로 인정되어 다음 기획이 수월하게 인정되거나, 기획자의 능력평가 향상으로 연결된다.

제 2 장
기획서·제안서의 정리 방법

1. 기획·제안작업의 단계와 문서화
2. 기획서·제안서의 구성과 표현법
3. 기획서를 정리하는 포인트
4. 제안서를 정리하는 포인트
5. 기획자·제안자의 적성과 마음가짐
6. 기획·제안의 발상 정리 방법
7. 기획·제안의 입안과 제출 방법
8. 기획과 그 실시 일정의 관리

| 1 | **기획·제안작업의 단계와 문서화** |

 기획·제안작업의 6가지 단계

하나의 기획이나 제안을 실현하는 작업 프로세스를 분석하면 몇 가지 단계가 생각된다. 이를 그림으로 표시하면 다음과 같다.

기획·제안의 순서는 크게 나누면 전 작업, 본 작업, 후 작업이다. 본 작업이란, 새롭게 실시하는 아이디어의 내용을 만드는 작업이다. 아이디어의 내용은 일반적으로 컨셉(개념)이라고 한다.

이 개념이 기획·제안의 요소가 되는 것으로, 좁은 의미로는 이 부분만을 가리켜 입안이라고 하지만, 본래의 기획·제안에는 본 작업을 보강하기 위해 전 작업과 후 작업이 존재한다. 전 작업에는 과제의 설정, 배경 분석, 현재의 상태 분석의 3가지 단계가 있고, 후 작업에는 입안의 평가 및 실현성의 검토와 기획서·제안서의 작성이라는 단계가 있다.

기획·제안은 이 6가지 단계를 거쳐 형성되지만, 현실에서는 기획에 참여한 사람들이 몇 개로 나누어 분담하거나, 그중의 몇 개가 의식적으로 생략되거나 한다. 그리고, 이러한 프로세스를 관계자에게 객관적으로 인지시키기 위해서는 기획·제안의 문서화를 빠뜨릴 수 없다.

문서화에 의해 관계자에게 인지된다

보통 기획서·제안서의 작성이라고 하면, 후 작업에 있어서 모든 내용이 결정된 후 문서화 된 것을 가리키지만, 전 작업이나 본 작업에서도 약식 문서가 작성되는 것이 일반적이다. 이것을 작업의 단계에 비추어 본다면 다음과 같다.

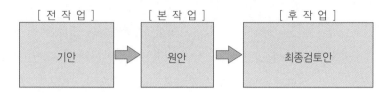

즉, 전 작업에서는 「무엇을 위해, 무엇을 할까」의 취지가 문장화에 의해 확인되고, 본 작업에서는 한정된 관계자에 의해 원안(제1차안)이 검토되고, 후 작업에 있어 정식 검토안이 나타난다. 어느 것이든 기획·제안은 문서화가 기본이 되어 진행한다.

2 기획·제안서의 구성과 표현법

 최소한 없어서는 안 될 구성요소

기획·제안을 문서로 할 때는 극히 단순화시켜 구체적·결론적으로 제시하는 것이 좋다. 내용상으로 없어서는 안 되는 것이 기획·제안 실시의 "목표"이다. 무엇을 목표로 그것을 행할 것인가를 솔직하고 구체적으로 말한다.

예를 들면, 막연히 「이것 이것을 행하다」라는 목표가 되지 않는다. 「이 점을 목표로 하여 이렇게 해서 이익을 내기 위해 이것을 행한다」라고 하는 식으로 절차를 명확히 한다. 물론 목표를 벗어나지 않기 위한 시작 형태도 명확화하여 그 기획이 일관되게 행하여지는 방향을 나타낸다.

"목표"의 다음에 분명히 나타나는 것이 "구체적인 계책"이다.

예를 들면, 어떠한 협력자를 어떻게 구할 것인가. 그 자금은 어디에서 갖고 올 것인가. 실시의 타임 스케줄은 어떠한가. 이러한 복안을 확실히 정하여 나타낸다.

기획서의 구성요소는 목표와 구체적인 계획 2가지이다. 그 밖의 구성요소는 이 2가지를 보강하는 것으로 생각해도 좋다.

흥미를 끌고, 받아들이기 쉬운 표현법을

　기획서·제안서는 관계자에게 받아들여진 후, 처음으로 가치가 생기는 것이기 때문에 내용과 동등한 정도로 표현법이 중요하다. 모처럼의 아이디어도 독선적인 표현으로 나타낸다면 반발하고 거부한다.

　알기 쉽고 사람들이 납득할 수 있는 표현이 바람직하다. 무엇보다 주의하여야 하는 것은 그 기획의 결정자가 감각적으로도 논리적으로도 받아들이기 쉬운 표현을 사용하는 것이다.

　물론 흥미를 끄는 표현을 궁리하는 것도 중요하지만, 그것에만 지나치게 매달린다면 경박한 표현으로 받아들여지기 때문에 주의하는 것이 좋다. 특히 연배자에게 보이는 기획서의 표현에 기발함으로 승부하려 한다면, 오히려 역효과가 나타난다.

3	기획서를 정리하는 포인트

 무엇을 할지 정리한다

기획서에는 정해진 형식은 없지만, 회사에 따라서는 관행으로서 일정 형식이 있다. 하여간, 기획서를 문서로써 종합하는 데에는 그 나름의 사고 순서가 있으므로 그 포인트를 말하겠다.

먼저, 무엇을 위해 무엇과 무엇을 하는가를 정리한 필요가 있다. 「무엇을 위해」는 목표이고, 「무엇과 무엇을」은 구체적인 방책 혹은 실시 사항이다. 이 2대 요소를 어떻게 관련지어 작성하는가가 기획서의 골격이 된다.

무엇을 위해 무엇을 하는가의 골격이 그려진다면 다음으로 각각의 실행 방법과 그 순서를 나타낸다. 필요한 자료가 있으면 그것을 첨부한다.

 어떤 성과가 기대되는지를 나타낸다

기획서는 그 목표와 구체적 방책을 나타내는 것만으로는 불충분하다. 찬동을 얻기 위해서는 그 기획에 의해 어떤 성과를 얻을 수 있는지를 나타낸다. 기획서를 정리하는 포인트를 그림으로 나타내면 다음과 같다.

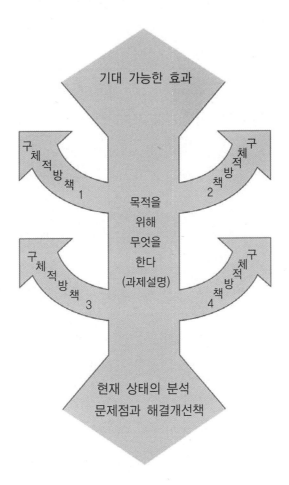

제안서를 정리하는 포인트

 입장을 의식하고 현재의 상태를 서술한다

제안이 기획과 다른 점은 개인적인 의견·안을 제출하는 점에 있다. 기업은 조직 상의 직분이 결정되어 있으므로 자신의 직분이나 권한을 초월한 사항에는 본래 참 견할 수 없다. 따라서, 같은 제안이라도 자신의 직분을 넘어선 사항에 대해 문서로 서술할 때에는 상신서라고 한다. 오늘날에는 상신하는 내용도 일반적으로는 제안 서라고 하고, 그 제출이 장려되고 있다.

따라서 제안서는 자신이 어떤 관점에서 생각을 서술하고 있는가를 확실히 의식 하고, 무엇보다도 현재의 상태를 기초로 그 개선을 의도한 입안을 한다. 즉, 상사 나 상층부에 자기 생각을 인정받고자 하는 진지한 태도를 문서로 하기 위해서 문 장은 정중하게 하고, 간결하게 정리하도록 유의한다.

 구체적인 방책과 효과를 조항으로 작성한다

현재의 상태에 대해 보고해야 할 점을 말하고, 그것을 근거로 한 개량·개선책과 그것의 효과를 조항으로 작성한다. 읽는 대상이 처음부터 상사 또는 상층부라는 것을 알고 있으므로 과제나 목표 등에 관하여 너무 지루한 설명은 오히려 실례에 해당한다. 단지, 제안 효과의 예상에 관해서는 하나하나 확실히 조항으로 작성한 다.

판단이나 지시를 요구하는 방식으로 작성한다

제안서는 어떠한 회답을 요구하는 문서이기도 하다. 따라서, 문서에는 「지시를 부탁합니다」, 「승인을 부탁합니다」라고 하는 식으로 쓰지만, 반대로 보면 상사나 상층부가 승낙 여부의 판단이나 지시를 하기 쉽도록 내용을 정리하여 쓰는 것이 정리하는 포인트이다. 또, 질문이나 반론이 있을 것도 충분 인식하여 준비해 두는 것이 좋다.

5	기획자·제안자의 적성과 마음가짐

 구경꾼 근성과 정보수집력

제안을 요구받거나 기획의 담당을 명령받은 자로서, 적성의 조건과 그 마음가짐을 들어 보겠다.

먼저 왕성한 구경꾼 근성이 바람직하다. 어딘가에서 무언가가 일어나고 있는 것처럼 생각되면 「뭐야, 뭐야」라고 하며 들여다보고 싶어지는 감각이다. 십중팔구 헛되더라도 남은 하나에 무언가 힌트가 있을지도 모른다. 거기서 필요한 것이 정보수집력이다. 타인으로부터 무언가를 캐내는 능력이야말로 아이디어를 낳는 근거가 된다. 그 전제는 호기심과 집중력이다.

 How Much 감각과 계산능력

기획을 떠올리면 바로 「이것을 하면, 얼마의 이익이 있는가」, 「이것을 실현하는 대에는 어느 정도의 비용이 들까」라고 생각하는 사람은 기획자에 어울린다. 아무리 우수한 기획이라도 득실을 무시해서는 성립되지 않는다. 확실한 성공 가능성이 있으면, 그 자체로 우수한 기획이 성립된다. 그러기 위해서는 득실을 수치로 나타내는 것이 가능한 계산능력이 필요하다. 손익과 그 계산에 강한 사람이 기획에도 강하다.

장난기와 프로듀서 감각

기획은 계획을 내세우는 것이기 때문에 완벽주의자에게는 어울리지 않는다. 당초에는 약간 앞뒤가 맞지 않아도 「어쨌든, 재미있으니까 되었잖아」라고 정색할 수 있는 "장난기"가 필요하다. 불확정한 것에 대한 책임을 질 수 있는 배짱이 필요하다.

마찬가지로 기획자에게는 책임을 지고 사람, 물건, 금전을 운용할 프로듀서 감각과 재치가 필요하다. 주어진 조건으로 한정된 범위 안에서만 가능하다고 생각해서는 기획의 이미지는 떠오르지 않고, 기획 그 자체를 종합하는 것도 불가능하다.

이상의 6가지 적성이 모이지 않아도 이 감각을 이해하고 지향하는 것이 기획을 정리하는 데 있어서 중요하다.

기획·제안 발상의 정리 방법

 생각은 발상의 원점

발상이란 마음에서 생긴 생각이 전개하여 형태가 된 것을 말하며, 즉 순간 퍼뜩 떠오른 생각이다. 그런데 일반적으로는 생각은 "적당한" 것으로 생각되어 경시되나, 실은 그렇지 않다. 우리는 화장실이나 목욕탕에서 멍하니 있을 때나 멍하니 걷고 있을 때, 문득 적당한 의견(생각)이 떠오른다. 오히려 기획의 경우 등은 착상으로부터 나온 생각 쪽이 신선하다. 그러나 착상은 그대로 허공을 떠도는 영혼으로 끝나기 때문에 부처와 합치지 않으면 안 된다. 부처가 되는 것은 기획의 창조이다. 어느 것이든 착상 발상의 원점으로서 경시할 수 없다. 생각나면 메모를 해 두자.

 논리적 발상력으로 아이디어를 확인한다

기획의 과제를 해결하고자 궁리하면 생각이 전개되어 형태가 잡혀간다. 논리적 발상에 따라 아이디어를 짜내거나 확인하는 것이 가능하다.

이 능력은 훈련으로 개발할 수 있다. 예를 들면, 「체크리스트」에 의한 발상법이나, 「KJ법(친화도 분석 기법, 카와키타 지로(Kawakita Jiro)」등이 있다. 발상력은 기획·제안의 전제가 되는 아이디어를 짜내기 위한 능력이며 창조에 공헌한다.

생각과 발상력으로부터 창조

　생각이나 논리적 발상력을 기획·제안의 형태로 구체화해 가는 것이 창조이며 창조력이다. 창조력이란, 기성 개념에 얽매이지 않고 완전히 새로운 것을 그려내는 상상력이라고도 할 수 있다. 이 창조력은 잡다한 경험이나 지식으로부터 나오게 되는 것으로 교과서적인 방법으로는 생기지 않는다.

　착상과 발상력은 서로 관련하면서, 합류하여 창조력이 된다. 한쪽은 산발적인 것이고, 또 다른 한쪽은 계통적인 것이라고 하는 차이는 있으나, 그 어느 쪽으로든 치우치는 일 없이 생각을 진행하여 양자의 혼연일체가 된 것이 창조력이 되며, 기획이나 제안 생각의 기초가 된다.

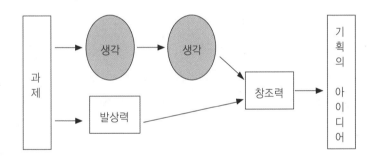

입안·제출의 타이밍

기업의 회계연도가 바뀌기 직전이 좋으며 직후는 좋지 않다. 예를 들면, 연도 예산이 결정된 직후에 비용이 드는 기획의 이야기를 가져와도 좀처럼 인정받기 어렵다.

또, 회사의 상사나 상층부가 이다음 기에는 무언가 새로운 방침으로 임하고 싶다고 생각하고 있는 때에는 제안은 환영받지만, 분기가 시작한 직후에는 결정된 방침에 맞지 않는 제안은 거부되기 쉽다.

한편, 회사 업적의 상태가 기획·제안의 받아들임에 대해 미묘하게 좌우한다. 업적이 좋을 때는 조금 비용이 들더라도 적극적인 안이 환영받지만, 업적이 좋지 않을 때는 비용의 지출에 엄격해져 적극적인 안은 반드시 환영받지는 않는다. 하지만, 업적이 좋지 않을 때야말로 의의가 있는 「경비 절감」과 같은 주제도 있다. 제출 타이밍은 기획·제안의 내용에 따라서도 다르다.

담당자로서의 마음가짐

　기획을 담당한 경우나 기획·제안을 요구받으면 한시라도 빨리 서류를 제출하는 것이 바람직하다. 왜냐하면, 의사결정자는 조금이라도 빨리 기획서·제안서를 보고 의사를 결정하고 싶다고 생각하기 때문이다. 제출 기한을 듣고 그 시간에 늦지 않도록 한다. 특히 기한을 듣지 않았어도 빠르면 빠를수록 좋아한다. 어려운 기획이어서 시간이 걸릴 때는 중간보고를 한다. 문서로서 완벽함을 기하는 것보다 핵심 부분이 확실해지면, 다소 불완전한 면이 있더라도 제1차 안으로서 가능한 한 빨리 제출하여 그 시점에서 판단이나 지시를 받는 방법도 있다. 기획서·제안서의 제출은 속도가 생명이라고 할 수 있다.

8	기획과 그 실시 일정의 관리

 일정 관리도 기획의 중요한 부분

기획 중에는 실시 완료까지의 기한이 구분되는 것이 있다. 예를 들면, 신제품 발매 팸플릿을 작성하는 경우이다. 어떠한 팸플릿을 만들지는 기획에 속한 작업이지만 그 인쇄·제본의 완료가 발매에 맞추어 이루어지지 않고는 의미가 없다. 따라서 기획 단계에서부터 일정 계획을 세워 완성한다. 기한에 늦으면 기획 그 자체가 실패하기 때문에 일정 관리가 기획의 중요한 부분이 된다.

 단계적으로 승인을 받아, 착수를 앞당긴다

이 같은 경우 문제가 되는 것은 기획을 위해 얼마만큼의 일수가 주어지는가, 실시(이 경우에는 인쇄·제본)를 위해 얼마만큼의 일수가 필요한가의 균형이다. 양쪽 모두 충분한 일수가 잡히면 좋겠지만, 그렇지 않으면 문제가 된다.

그 대책으로서는 기획의 결정을 제1차 안, 제2차 안, 최종안이라는 식으로 단계적으로 청한다. 기획 결정은 의사결정자의 승인이므로, 실시 작업의 진행에 있어 미리 필요한 것부터 승인받고, 최종안의 결정(승인)을 보지 않고 작업에 착수할 수 있도록 한다.

다음으로 작업 완료로부터 역으로 계산하여 절대 필요한 일수, 예를 들면, 인쇄·제본 일수를 확보하고 개개의 작업에 대해서는 동시에 진행할 수 있는 것은 병행하여야 하는 등 한다면 일정을 단축할 수 있다.

제3장
경영계획·기념행사 관련
기획서·제안서

1. 경영계획서 1
2. 경영계획서 2
3. 경영시책 실시 제안서
4. 경영계획 실행위원회 설립 제안서
5. 자회사 설립 기획서
6. 창립 20주년 행사 프로젝트팀설치 제안서
7. 창업 50주년 기념행사 기획서
8. 지점설립 10주년 기념 파티 실시 계획서
9. 증자인수 기획서
10. 회사명 변경 제안서
11. 회사창립 10년사 발행 기획서
12. CI 프로젝트 도입 제안서
13. 사내벤처 육성 제안서

경영계획서 1

 계획의 목적

① 경영계획이란 회사의 업적을 올리기 위한 방침·목표를 정하고, 그것을 달성하기 위한 수단이나 방법을 기간별·부문별로 종합적으로 정리한 것이다.

② 해당 사업연도의 방향 결정, 중점 목표, 상황의 변화에 대응하여 실현 가능성이 있도록 정리한다.

 체크포인트

① 경영계획서는 목표나 수단·방법 등이 각 부문에서 구체화할 수 있도록 나타내는 것이 필요하다.

② 생산·판매 계획이나 예산계획도 동시에 책정하고, 그것을 해당 연도의 이익계획으로서 정리하여 경영계획서 일부로 한다.

제28기 사업경영계획서

1. 취지

제27기 사업기는 경기 후퇴가 계속되어 경기침체가 장기화하고 있는 TR 시장에서 살아남기 위한 동종업 타사와의 혹독한 판매 경쟁이 전개되고, 거기다 수출압력이 더해지는 등 당사를 둘러싼 환경은 이전에 없던 혹독한 것이었다. 때문에 판매계획은 대폭 미달하여 실로 유감스럽게도 1980년 이래의 이익이 감소가 될 전망이다.

이와 같은 당사를 둘러싼 환경은 제28기 사업기에도 계속될 뿐만 아니라 점점 혹독해질 것으로 예측되어 회복의 징조가 보이지 않는 국내 수요에 어떻게 대응해 갈 것인지 고심하고 있으며, 이익의 확보가 이만저만 어려운 것이 아니라는 것을 인식한 필요가 있다.

따라서, 당사가 살아남기 위해서는 목표로 언급한 매출액은 어떻게 해서든지 달성시키지 않으면 안 된다. 게다가 이 매출액을 달성했다고 하여도 본래 경영으로서 확보하지 않으면 안 되는 이익과 거리가 멀고, 계획경상이익은 살기 위한 최소한도의 금액이다. 따라서, 각 부문에 있어서 이익을 추구하기 위한 개혁이나 비용 절감에의 노력이 필요 불가결하다.

이 혹독한 제28기 사업기를 맞이하면서 당사 존속을 위해 지금이야말로 중기를 전망하면서 그것과 결부하여 개선책을 실시하지 않으면 안 된다.

각 부문 모두 중기경영계획에서 나타내고 있는 경영과제와 도달해야 하는 목표를 향하여 각각의 업무의 개선 추진에 전력을 기울이길 바란다.

중기경영계획의 제28기의 최대 중점과제는 「신규 상품을 계획대로 개발하는 것, 경비절감을 강력하게 추진하여 총비용을 절감하는 것」이다.

계획한 이익목표 달성을 위해 현재의 상태와 최고 중점과제에 대해 모든 사원이 이것을 제대로 인식함과 동시에 그 달성을 위한 개선 노력에 더욱 분발할 것을 부탁한다.

2. 사업목표

(1) 상품매출액 : 554억 원 이상 (전기대비 6% 증가)

① 국내매출 : 484억 원 이상 (전기대비 9% 증가)

② 수출매출 : 70억 원 이상 (전기대비 3% 증가)

③ 신규상품비율 : 194억 원 (전체상품대비 35%)

(2) 이익목표

① 영업이익 : 4.8억 원 이상 (전기대비 20% 증가)

② 경상이익 : 4.1억 원 이상 (전기대비 22% 증가)

③ 세후이익 : 2.5억 원 이상 (전기대비 18% 증가)

3. 손익분기점

○ 481억 원

4. 이익계획

○ 별표1(생략)

5. 상품매출액 계획

○ 별표2(생략)

6. 부문별 상품매출 구성

○ 별표3(생략)

7. 부문별 업무계획

① 업무계획의 기본 목표 : 「이익목표 달성을 위한 총비용의 절감」

② 각 부의 업무계획의 설정

8. 인원계획

① 고정비용 삭감을 위해 신입사원만 채용한다.

② 임시직사원의 계약갱신은 하지 않는다.

③ 사업기초 인원 850명, 사업기 말 인원 670명으로 한다.

9. 첨부

① 별표1 : 이익계획(생략)

② 별표2 : 상품매출액계획(생략)

③ 별표3 : 부문별 상품매상고 구성(생략)

이상

2 경영계획서 2

 계획의 목적

① 경영계획은 회사의 방침이나 목표를 명확하게 하고, 그것을 달성하기 위한 수단·방법을 종합적으로 정리하는 것이다.

② 따라서, 경영 방침이나 생산 판매의 중점 목표를 명확하게 함과 동시에 그것을 실시하기 위한 시책에서도 구체적으로 하여 모든 사원의 이해를 얻고, 그 힘을 결집하기 쉽도록 정리한다.

체크포인트

① 실현 가능성이 있는가.

② 상황의 변화에 대응할 수 있게 되어있는가.

③ 모든 사원의 수긍하고 이해하여 협력을 얻을 수 있는 내용으로 되어있는가.

제28기 경영계획서

1. 사업회복을 위하여

제28 사업기는 제27기의 이익감소 및 적자전락에 따른 대책으로 모든 사원의 강한 의지와 힘으로 사업실적을 회복시키지 않으면 안 되는 중요한 사업기입니다. 이전 사업기의 사업적 부진은 경기 후퇴에 의한 것일 뿐만 아니라, 메이커가 지녀야 할 기획력이나 영업력 등의 종합력에 있어서 경쟁사에 진 것이 가장 큰 원인입니다.

경쟁사에서는 시장 동향이나 기술 혁신 등의 환경 변화에 충분히 대응 가능토록 발상을 전환하여 기업체질의 변혁을 이루어 가고 있습니다. 그런데도 당사는 유연한 발상이나 용기 있는 행동이 약하여 급격한 변화에 바로 응할 수 없다고 할 수 있습니다.

제28기 사업기는 가지고 있는 모든 힘을 결집하여 강한 의지와 공감으로 업적을 회복시켜야만 합니다. 업적이 계속하여 떨어진다면 우리들의 내일도 없습니다. 그리하여 우리는 다음의 내용을 행동지침으로 삼고, 의식 개혁을 함과 동시에 그 계획의 완수를 맹세합시다.

- 부하의 능력을 끌어낸다.
- 수익을 생각하여 일할 한다.
- 납기를 지킬 수 없는 일은 「일」이 아니다.
- 집중력을 가지고 마지막까지 해낸다.
- 변혁이야말로 업적 회복의 결정적 수단이다.

2. 경영 방침

적자체질로부터의 탈피와 체질전환을 하는 것으로 기업과 상품 이미지를 향상하고, 가치관을 창조하는 것에 의해 이익을 확보하기 위해 다음의 시책을 강력히 실시한다.

(1) 마음과 이미지의 개혁

    ① CI(corporate identity)를 확립한다.

    ② 시장에서 이미지를 재구축 한다.

    ③ 전사원의 능력 개발을 강화하고, 적극적인 적재적소로의 재배치를 한다.

(2) 사업구조의 개혁

    ① 시장을 중점지역으로 특화하여 거기에 사람·물건·금전을 중점 배분한다.

    ② 인원 규모를 적정화한다.

(3) 수익성의 개혁

    ① 이익관리체제를 재구축 한다.

    ② 계획원가를 달성한다.

    ③ 판매변동비를 계획보다 10% 삭감한다.

    ④ 재고자산을 압축한다.

    ⑤ 고정비용을 계획보다 10% 삭감한다.

(4) 마케팅의 개혁

    ① 시장·상품·광고전략을 통합한 토탈마케팅을 전개한다.

    ② 차별화된 고부가가치 중심의 상품화를 추진한다.

(5) 기술체제의 개혁

    ① 상품화로 이어지는 기술개발체제로 재편성한다.

3. 경영목표

(1) 회사 전체 목표

구분	목표액	달성목표
순매출액	×××억 원 이상	전기대비 ×.×% 증가
판매한계이익	×××억 원 이상	전기대비 ×.×% 증가
고정비	×××억 원 이하	전기대비 ×.×% 감소
기타 매출이익	×억 원 이상	전기대비 ×.×% 증가
경영이익	×억 원 이상	전기대비 ×.×% 증가

(2) 부문별 목표

구분	국내판매부	수출부
순매출액	억 원	억 원
매출원가	억 원	억 원
영업이익	억 원	억 원
경상이익	억 원	억 원

(3) 요원계획

① 고정비 삭감을 위해 신입사원만 채용한다.

② 기초인원 ○○○명, 기말인원 ○○○명으로 한다.

(4) 주요지표

구분	비율/금액/기간	비고
손익분기점	××.×%	다음기 목표 ×% 증가
1인당 순매출액	××만 원	다음기 목표 ×만 원 증가
매출액 경상이익률	×%	다음기 목표 ×% 증가
매출원가율	××%	다음기 목표 ××% 감소
상품재고월수	×.×월	다음기 목표 ×.×월 증가

4. 부문별 중점 시책

(1) 국내판매부

① 매출목표를 달성할 것

경영계획을 웃도는 영업소별 목표를 설정하여 도전한다.

② 수익성을 개선할 것

- 채널별 정책을 재검토한다.
- 판매변동비는 경영계획이하로 압축한다.
- 적정 발주와 적정재고로 한다.

③ 사업구조를 전환할 것

- 시장의 중점지역을 재구축하여 요원의 배치 전환을 행한다.
- 업무 운영을 총점검하여 조직을 간결화 한다.

(2) 수출부

　① 매출목표를 달성할 것

　　● 중점시장을 중심으로 하는 해외 마케팅 전략을 재구축 한다.

　　● 중점시장용 중점 상품로 매출을 늘린다.

　② 수익성을 개선할 것

　　● 채산성이 없는 상품을 정리한다.

　　● 판매변동비는 경영계획 이하로 압축한다.

　　● 재고자산을 정리한다.

　③ 사업구조를 전환할 것

　　● 조직을 간결화한다.

(3) 기술부

　① 개발과 설계업무의 효율을 높일 것

　　● 창고납기를 지킨다

　　● 설계업무를 기계화한다.

　② 설계 품질을 향상할 것

　　● 품질 정보를 분석 활용한다.

　　● 설계 노하우를 축적하여 활용한다.

　③ 비용을 절감할 것

　　● 신상품의 원가는 6% 이상 절감시킨다.

　　● 금형을 공용화한다.

　　● 특별주문 부품을 줄이고, 표준부품을 사용한다.

　④ 선진기술을 적극적으로 흡수할 것

(4) 생산부

　① 계획 한계 원가를 달성할 것

　　● 신상품 6%

　　● 현행 상품 2%

　② 제조 품질을 향상할 것

　③ 상품 원가를 절감할 것

- 계획발주로 비용 절감을 추진한다.
- 해외 부품을 활용한다.

④ 생산을 평준화할 것

계획생산으로 생산효율을 높인다.

(5) 상품기획부

① 상품시장전략을 재구축 할 것

② 현행분야의 진화와 심화를 도모할 것

- 차별화할 수 있는 신상품을 개발한다.
- 새로운 방식을 포함한 심화한 상품을 개발한다.

③ 기획·디자인·설계가 하나가 되어 기획 개발을 추진할 것

- 상품별 프로젝트제를 도입한다.
- 기획에부터 창고납품까지의 기간을 3개월 단축한다.

5. 이익계획

(1) 제28기 사업 이익계획(직접 원가계산 베이스)

① 국내판매부·수출부·회사 전체별 통기의 이익계획(생략)

② 국내판매부·수출부별 상반기·하반기별 이익계획(생략)

(2) 제28기 사업 이익계획(전부 원가계산 베이스)

① 국내판매부·수출부·회사 전체별 통기의 이익계획(생략)

② 국내판매부·수출부별 상반기·하반기별 이익계획(생략)

이상

제안의 목적

중·장기 경영계획의 방침이나 경영진의 생각을 근거로 각 부문은 당기의 실시 계획을 결정하고, 이에 따라 담당자와 담당팀이 시책을 입안하여 실행함으로써, 상층부로부터 하부에의 의사전달이 실현되어 간다.

문제 개선을 목표로 한 계획서·제안서에 있어서 문제 중점 항목만을 채택하고, 세세한 부분에 대해서는 보칙 및 별지로서 보충하도록 한다. 채택하고 있는 항목에 큰 차이는 없으나,

① 부하주도형 계획수행
② 소속장에 의한 진척관리 방법
   등이 특징이 된다.

체크포인트

① 실행계획의 전모를 가능한 한 하나의 표로 간결하고 알기 쉽게 정리하여 담당 관계자가 빨리 이해할 수 있도록 한다.

② 한정된 공간 안에서 얼마나 필요한 정보를 망라하느냐는 전에 주의하여 항목의 선택을 자세히 행하고, 필요하다면 보충자료를 첨부하도록 한다.

③ 이러한 종류의 계획·제안서에는

- 주제, 목적, 목표, 과제
- 현재 상태의 분석
- 대책
- 일정
- 예산
- 실행

등의 관련 항목이 포함된 것이 일반적이나, 진척상황을 일정시기마다 파악할 수 있도록 점검한다.

제65기 경영시책실시
재고관리부문 및 물류부문 조직개선시책 제안서

1. 제안배경
다양화한 소비자 수요에 대응하기 위해, 최근 우리 회사에서는 다품종 소량 생산이 시행되어 수주, 재고관리, 유통관리 체제의 개선 및 상기 부문의 인사조직을 재점검함과 동시에 새로운 배송센터 설치에 따른 조직 재점검을 검토한다.

2. 현행 문제점
① 본사 재고관리부문의 전산화에 따른 인원 과잉상태
② 본사 배송부문의 비효율적인 운행관리시스템
③ 본사 영업·사무부원과 재고관리부문과의 순환 근무검토
④ 새로운 배송센터계획에 따른 인력 채용 및 인사이동

3. 개선과제
① 본사 재고관리부문의 인원감원
② 본사 배송부문의 운행일정의 재점검
③ 수주담당의 영업·사무부문과 재고관리부문과의 일체화
④ 새로운 배송센터의 인력 채용계획 입안

4. 실시 담당일정

항목	담당자			일정	
	담당	보조	보조	실시	마감
1. 본사 재고관리부의 인원감원					
2. 본사 배송부문 운행스케줄 재점검					
3. 수주담당의 영업·사무부문과 재고관리부문과의 일체화					
4. 새로운 배송 타의 인력채용계획의 입안					

4	경영계획 실행위원회 설립 제안서

 제안의 목적

현재 기업에 있어서 가장 중요한 것은 환경의 격변에 대응해 가기 위해 자사의 체질을 어떻게 변혁해 가는가이다.

따라서 눈앞의 매출이나 이익만을 추구하는 일 없이 기업으로서의 이후 전략적 전개나 실현으로의 구체적인 계획이 나타나지 않으면 안 된다.

이윤은 경제환경이 좋으면 스스로 발생하는 것이지만, 이대로는 기업의 체질은 경기의 변동에 항상 좌우되게 된다.

 체크포인트

계획실행위원회의 설립은 기업체질을 개선하기 위한 처방전이므로, 그 방법을 가능한 한 체계적으로 나타낸 전략서로 구성하고, 알기 쉽게 설명할 수 있도록 작성한다.

경영계획 실행위원회설립 제안서

경영기획실

1. 당사를 둘러싼 경제환경과 과제

최근의 호황에 힘입어 순조롭게 성장해 온 우리 회사의 업적 배경에는 주력상품인 「○○○○○○」의 수출 호조뿐만 아니라, 신제품인 「○○○○○○」이 침체한 국내 수요의 발굴에 성공한 것이 클 것이다.

「○○○○○○」의 판매호조가 내년까지 지속한다면 당초 3년 계획이었던 매출 45억 원의 실현도 가능할 것으로 생각한다.

그러나 장래를 전망한다면 결코 낙관할 수 없는 여러 가지 사정이 존재함에 유의하여야 한다.

첫째, 주력 제품인 「○○○○○○」의 미국 수출 의존도가 높고, 최근의 미국정세 및 무역문제를 고려해보면 다음 연도 이후에도 계속하여 이 신장을 유지하는 것은 어려울 것으로 생각된다.

둘째, 신제품으로 새로운 시장을 개척하여도 타사가 바로 참여해 오는 일이 계속되어 선발이라는 장점을 누리는 일 없이 투입한 자금 회수도 생각대로 되지 않는 경우가 반복되고 있다.

셋째, 최근 소비자의 수요는 다양화되고 있을 뿐만 아니라, 신제품에 관한 관심은 극히 짧은 기간에 집중하고 있다.

넷째, 동남아시아 지역의 여러 나라가 일본 내 시장에서 착실히 실적을 쌓고 있는 현재 상품가격 차가 큰 것만으로도 상대에게 유리하다는 것은 문제가 될 것이다.

이상 3개의 과제에서 나타나듯이 당사가 직면하고 있는 여러 문제는 다양성이 있으며 한 부문에서 만의 시책 입안은 쉽지 않다. 그러므로 회사 전체 각 부문의 참가에 의한 장기 경영계획 실행위원회의 설립을 제안한다.

2. 장기경영계획 실행위원회의 주제

① 경영이념, 경영 비전을 설정한다.

② 제품시장의 분석과 확대 계획

③ 비용 절감을 비롯한 생산효율의 향상 계획

④ 정년연장을 포함한 젊은 기술자 채용을 위한 시책 검토

3. 설립일정

내년 중에 계획서를 완성하는 것을 전제로 3개월 이내에 위원회를 발족한다.

4. 위원회의 구성

다음의 사람을 임명한다.

- 전무이사
- 각 공장장 및 부공장장
- 각 지사장
- 본사, 공장, 지사의 각 부문의 장
- 상기 이외의 사장에 의해 지명 받은 자

이하 생략

5	자회사설립기획서

 기획의 목적

최근에는 업종이나 규모의 크고 작음에 관계없이 자회사를 설립하여 새로운 사업에 진출하는 기업이 증가하고 있다.

그 배경으로는 본업만으로는 불안하다고 하는 위기감, 격변하는 경제환경에의 적응, 경영자원의 유효활용과 배분, 사원의 사기 진작 등등이 생각된다.

 체크포인트

① 새로운 회사의 개요를 명확히 하는 다음과 같은 항목은 반드시 열거한다.

상호, 자본금, 소재지, 사업내용, 설립시기, 조직체제, 인원계획(내역으로서 현재의 조직으로부터의 파견과 신규채용의 구분).

② 수주·매출·손익을 예측한다.

자회사설립기획서

다음과 같이 자회사를 설립하고자 하오니 검토하여 주시기 바랍니다.

1. 회사설립의 이유

- 최근 당사 제품의 소형화·다품종화가 현저히 진행되고, 장기경영계획에 근거하여 제품별 신장을 고려하면 현 체재의 증원만으로는 대응 곤란을 초래하는 사태가 예측된다. 즉, 필요로 하는 젊은 기술자를 확보하는 데에는 현 급여체계로는 채용하기 곤란하고, 노하우의 유출이라는 관점으로부터는 외주에 의존하는 것도 이후의 기술 전략상 문제가 있다.

- 이와 같은 상황을 고려해 당사 자본계열의 새로운 회사를 설립하여 기술자의 확보와 노하우 유출방지를 도모하고자 한다. 이에 따라, 당사와 새로운 회사와의 일관된 생산체제를 확립하고, 거래처의 신뢰 확보에 전력을 기울이고 동시에 장래에는 기술자 전문회사로서 외판수주도 노려, 이 분야에서의 지위를 굳건히 하고 싶다고 생각한다.

2. 설립회사의 개요

① 상   호 : ○○○주식회사

② 자 본 금 : 5000만 원

③ 소 재 지 : 경기도

④ 사업내용 : - 기계설계 및 그 제작

　　　　　　　- 기술 노하우의 제공 및 기술자 파견

　　　　　　　- 기타 관련 업무

⑤ 설립시기 : 20××년 4월 1일

3. 조직체제

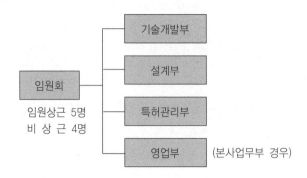

임원상근 5명
비 상 근 4명

임원회 ─ 기술개발부 / 설계부 / 특허관리부 / 영업부 (본사업무부 경우)

4. 인원계획

년도	20××	20××	20××
임 원			
기수개발부			
설 계 부			
특허관리부			
계			

5. 사업계획

년도	20××	20××	20××
매 출 액			
매 출 원 가			
매 출 총 이 익			
지불이자할인료			
경 영 이 익			
이 익 률			

6. 안정성 분석

년도	20××	20××	20××
유 동 비 율			
매출채권대 구매 채 무 비 율			
고정장기적합률			
고 정 비 율			
자 기 자 본 비 율			

6	창립 20주년 행사 프로젝트팀설치 제안서

 제안의 목적

회사창립 20주년을 기념하는 행사를 전 직원의 뜻을 모아 수행하고 싶다는 제안이다.

자칫 잘못하면 이러한 종류의 행사는 일부 상층부의 생각에 따라 기획·실행되기 쉬우나, 전 직원의 의견을 반영시켜 전원 참가하는 행사·회합으로 구체적으로 명기한다.

 체크포인트

이러한 종류의 제안은 계획까지 필요한 일수, 계획실현일정 등을 잘 계산한 후 제안 시기를 놓치지 않는 것이 필요하다.

가능한 한 구체적으로 기술한다.

제안에는 반론이나 질문이 반드시 있을 것으로 생각하여 그것에 대한 대책도 세워야 한다.

창립 20주년 기념행사 추진프로젝트팀설치 제안서

2000년 10월 21일로 창립 20주년을 맞이하여 각종 행사를 예정하고 있습니다만, 전 직원의 뜻을 모아 효과적이며 원활한 행사 진행을 도모하기 위해 추진프로젝트팀을 설치할 것을 제안합니다.

1. 프로젝트 구성

별지 참고

2. 팀원의 구성

각 프로젝트에 대해 적임자를 각 부문에서 소속과장의 추천으로 선정한다. 또, 각 프로젝트에는 리더, 부리더를 각 1명씩 두기로 한다.

※ 기획력이 우수한 직원이 바람직하다.

3. 설치 기간

2000년 ○월부터 2000년 ○월까지.

4. 구체적인 운영

① 9월 중에 제1회 합동협의회를 개최하여 전원의 의식통일과 실시방침 등을 검토하고 이를 이어받아 프로젝트마다 실시 항목, 역할 분담 등 세부사항에 대해 팀원의 공유화를 도모하도록 한다.

② 각 팀의 구체적인 대처에 대해서는 팀의 주체성에 맡기도록 하나, 당분간은 월 2회 정도 팀 회의를 개최한다.

③ 각 팀 간 정보 교환이나 추진상 문제점에 대해 의견을 통일하기 위하여 월 1회 정도 리더 회의를 개최한다.

④ 각 프로젝트에 의한 구체적인 실시 계획(안)은 내년도 예산책정을 위해 12월 말일까지 제출한다.

⑤ 예산 확정 후, 계획에 근거하여 실행 단계에 들어가 9월 말까지 모두 완료한다.

창립 20주년 기념행사 추진 프로젝트 구성(안)

1. 프로젝트명

① 출판간행 프로젝트
- 20년사의 발행
- 감사캠페인 포스터·광고지의 작성
- 기타

② 행사 프로젝트
- 기념식 전 행사
- 축하파티
- 기념행사·기념콘서트
- 직원 대상 행사
- 기타

③ 업적촉진 프로젝트
- 판매촉진 시책
- 기념상품의 판매
- 기타

2. 구성원 선정

각 팀별로 각 부문에서 책임자(직급별, 연령별, 남녀별 등)를 선정한다.

3. 설치 기간

200×년 9월 1일부터 200×년 9월 30일까지

<table>
<tr><td>7</td><td>창업 50주년 기념행사 기획서</td></tr>
</table>

| 7 | 창업 50주년 기념행사 기획서 |

 기획의 목적

① 사원 전원이 한곳에 모이는 것으로 연대감을 높인다.

② 평소에는 회사와의 접촉 기회가 없는 가족도 초대하여 회사에 대한 친근감을 가지게 한다.

③ 창업 50주년을 전원이 축하함과 동시에 이후에도 열심히 하자고 하는 결의를 새롭게 다진다.

④ 사외에 대한 선전효과를 노린다.

 체크포인트

① 사원의 거주지구 분포를 조사하여 전원이 모이기 쉬운 장소에서 행사를 열도록 한다.

② 가족이 친해지기 쉽도록 쇼적인 요소를 포함시킨다.

③ 비용대비 효과를 충분히 검토한다.

④ 매스컴 대책을 확실히 행한다.

창업 50주년 기념행사

200×년 9월 당사 창업기념일의 기념행사를 다음과 같이 실시하고자 합니다.

1. 목적

① 사원의 연대감 고양

② 사원 가족의 회사에의 친근감 배양

③ 사원의 사기 고양

④ 대외적인 효과

2. 실시시기

9월 15일(토)

3. 개최장소

올림픽공원 체조경기장

4. 참가자

1,500명(사원+가족)

5. 행사내용

① 전원 참가 줄다리기 대회

② 그룹대항 스포츠 대회

③ 전원 참가 빙고 대회

④ 럭키 드로우

⑤ 연예인에 의한 음악쇼

6. 비용

3,000만 원

7. 기타

① 사회는 「모닝 TV」에서 활약 중인 ○ ○ ○ 아나운서와 ○ ○ ○ 리포터를 기용
   한다.

② 추첨 경품에 대해서는 거래처의 이마트로부터 협찬받을 예정

③ 매스컴 대책으로서, TV, 일간신문의 기자를 초대하여 취재를 의뢰한다.

④ 사장, 전무, 상무는 오프닝의 가장행렬에 참가한다.

| 8 | 지점설립 10주년 기념파티 기획서 |

 기획의 목적

① 거래처에 감사의 마음을 표시한다.

② 평소 접촉할 기회가 적은 거래처 경영진에게 당사 임원을 소개하여 거래처와
   의 친밀을 도모한다.

③ 파티 초대를 기회로 거래처와 업무확대를 도모한다.

④ 지점설립 후의 공로자를 초대하여 위로한다.

체크포인트

① 파티 식장은 10주년 기념 파티에 어울리는가.

② 중요한 거래처는 모두 초대하였는가.

③ 파티 시간대는 초대자에게 좋은 시간대인가.

④ 파티 내용은 기념 파티로서 적당한가.

⑤ 비용은 적당한지, 다른 동종의 파티와 비교한다.

서울지점설립 10주년 기념파티 기획서

당 지점은 사장 이하 여러분의 지원 덕분에 오는 10월 10일로 설립 10주년을 맞이하게 되었습니다. 따라서, 거래처에 대한 감사의 마음을 표현하고, 이후 한층 더 업무확대를 도모하기 위하여 다음과 같이 설립 10주년 기념파티를 기획하였습니다.

1. 파티 개요(상세한 내용은 첨부 별지〈생략〉 참조)
   ① 일시 : 2000년 10월 11일(월)   12:00~1:30P.M.
   ② 장소 : 서울호텔 15층 「그랜드볼룸」
   ③ 출석예정자 수 : 300명 정도 (당사측 포함)
   ④ 비용 : 500만 원 (파티 400만 원, 선물 100만 원)

2. 개최목적
   ① 당 지점설립 10주년을 기회로, 평소 접촉할 기회가 적었던 거래처의 경영진을 당사 임원진에 소개하여 거래처와의 친밀화를 도모한다.
   ② 파티 초대에 맞추어 초대거래처에 대한 판매액을 20% 올리는 작전을 전개하여 매출증가를 도모한다.

3. 의견
   ① 지방에 기반을 둔 당사에 있어서 서울에서의 영업거점인 당 지점의 존재 의의는 크며, 이번 설립 10주년을 계기로 서울에서의 판매망의 한층 강화를 도모한다.
   ② 이번 초대예정자는 전부 각 거래처의 경영진과 실권자들로, 임원과 친분을 도모하는 것에 의한 연대 강화 효과는 대단히 크다.
   ③ 비용에 대해서는 당 지점이 평소 사용하고 있는 서울호텔을 이용하여 최대한 절감하도록 한다.

이상

9	증자인수기획서

 품의목적

거래처로부터 동사의 증자 일부를 하기 사례기업에서 인수하고 싶다는 의뢰가
있어 그에 응하기 위한 기획서이다. 동사와의 거래를 이후 늘려가기 위해서는 이
번 증자인수의 요구에 응하는 것이 대단히 필요하다고 강조한다.

체크포인트

동사의 개요 및 업적 추이도 언급한다. 동사가 전기통신사업이라고 하는 공공성
이 높은 중요한 사업에 종사하고 있으며, 업적면에서도 양호하므로, 이번에 출자를
하여도, 자사가 그것으로 손해를 입는 일은 없다고 강조한다.

증자인수기획서

1. 신청사항

비상장주식의 취득(증자인수)

구 분	주식 수	단 가	금 액	지주비율
보유주식	2,000	50,000원	1억 원	7%
취득 예정	1,000	70,000원	7억 원	-
취득 후 합계	3,000	-	8억 원	10

(본 주식의 액면가는 5만 원)

취득시기 20○○년 5월

2. 신청배경

1. 동사는 영업 영역 확대를 위해 금년도 약 100억 원의 설비투자를 하고, 이 자금조달의 일부로서, 제3자 할당 증자를 할 것을 결정하고, 우리 회사에 대해 1,000주의 인수를 의뢰해 왔다.

2. 이번 증자는 동사가 2○○○년도에 동경증권거래소에 상장을 목표로 준비하고 있는 관계로, 주주의 안정대책으로서 작년도의 ○○관련 7사를 중심으로 한 4만 8500주의 제3자 할당으로 계속하여 행하여지는 것이며, 금융기관, 상사를 중심으로 1만 8,500주를 분배하는 것이다.

3. 동사는 구○○를 중심으로 하는 제1종 전기통신사업자로, 우리 회사는 동사 설립 때부터 우호 관계를 유지해 오고 있으며, 시외전화서비스의 판매를 중심으로 하는 동사와의 거래수수료 6억 원(전년도 실적)의 매출을 올렸고, 이 거래수수료 매출은 이후 ○○년부터 ○○년까지 8억 원을 초과할 것으로 예상한다.

우리 회사로서는

① 이 거래를 확보하여 ② 통신사업의 새로운 분야의 진출 등의 새로운 비즈니스 기회를 얻기 위해서라도, 이후에도 동사와 양호한 관계를 유지하는 것을 목표로 본 건에 대한 인수를 요청합니다.

3. 회사 개요

업　　종　　: 제1종 전기통신사업
자 본 금　　: 183억 원(이번 증자 후, 250억 원)
본사 소재지　: ○○시 ○○구 ○○마치 ○번 ○호
설립 연월일　: 200 년 10월 11일
서비스 개시일 : 200 년 8월 1일

4. 회사 업적 추이

(단위 : 억 원)

	매출액	경상손익	순손익	차기이월손익
○○년도	772	113	28	32
××년도	1,194	120	62	95
△△년도	1,700	130	65	160

이상

10	회사명 변경 제안서

 제안의 목적

「이름은 몸을 나타낸다」고 하나, 사람이나 물건의 이름·명칭은 그것의 실체·본성을 나타내고 있는 것이 많다. 이 경우는 이름은 더 이상 몸을 표현하지 않게 되어가고 있기 때문에 사명의 변경을 제안한 것이다.

 체크포인트

동서리스주식회사가 경영위기에 직면하여 그 자본구성·임원 구성 등이 대폭 바뀌고, 기업으로서의 실체가 급격하게 변화하고 있음에도 불구하고 회사명 변경에까지 신경이 미치지 않고 있다. 이 점에 착안하여 회사의 재건을 촉진하기 위해서도 조금이라도 빨리 회사명 변경을 하도록 제창한 것이다.

동서리스주식회사 사명변경에 대하여

1. 제안 취지

이번 우리 회사의 주요 투자처인 동서리스주식회사가 경영 위기에 직면하여, 동사 구제를 위한 증자 및 구제 융자를 하였으나, 동사의 사명을 이참에 바꾸자고 하는 의견은 아직 어디에서도 나오고 있지 않다. 본인은 아래와 같은 이유에 의해, 회사명의 변경을 제안한다.

2. 출자 및 구성원의 비율

동사는 원래 동서은행 38%, 우리회사 38%, 나머지 24%를 기타 기업의 출자에 의해 설립됐지만, 이번의 트러블 발생으로 인하여 출자 비율은 우리 회사 49%, 동서은행 33%, 나머지 18%가 되었다. 한편, 동사로의 파견 사원수도 동서은행이 7명인데 반해, 우리회사는 13명을 파견하고 있다.

3. 회사명 제안

현재 상태로는 트러블 발생의 뒷수습에 쫓기어 사명 변경에 대해 이야기할 때가 아니다라는 의견도 있을 것으로 생각되나, 회사 재건을 향한 출향 사원의 사기 고양을 위해서도 우리회사의 이름을 붙인 남북리스주식회사로 회사명 변경하도록 제안한다. 즉, 명실상부하게 우리 회사가 경영하는 기업으로서 새로운 스타트를 끊는 것이 바람직하다.

4. 타사의 사례

덧붙여 말하자면, 타사의 이야기이지만, 우리 회사의 라이벌인 춘추상사는 계열내의 타사와의 공동 출자로 5년 전에 춘추리스주식회사를 설립하였다. 춘추상사는 주요 주주임에는 틀림없지만, 주식보유비율은 28%에 지나지 않는다. 그럼에도 불구하고 자사의 이름을 써서 춘추리스라고 명명한 회사로 하여, 지금 훌륭한 상장회사로 길러내었다. 우리 회사도 이와 같은 방법을 참고하여 배우는 편이 좋을 것으로 생각한다. 동서리스의 경우는 주식지분이 49%에 달한 적도 있어, 앞으로 개명할 필요가 있다고 통감하고 있는 것이다.

5. 변경 효과

솔직하게 말하면, 우리 회사의 파견 사원이 일하는 모습을 보고 있으면 뒤로 한 발짝 물러선 자세로 소극적이라고 밖에 달리 말할 수 없다. 동서리스가 경영 위기에 직면하고 있다고 하는 위기감도 없다면, 회사 재건에의 의욕도 볼 수 없다. 이 원인의 하나는 구태의연한 회사명에 있는 것은 아닐까. 언제까지 동서은행이 경영하는 회사라는 기분이 드는 것은 아닐까. 이 회사는 지금이야말로 우리 회사에 모든 책임이 걸려 있다는 것을 명확하게 인식하기 위해서라도, 회사명의 변경은 조속히 실시해야 한다고 생각한다.

이상

11	회사창립 10년사 발행 기획서

 기획의 목적

① 기업 발전의 역사를 계통적으로 해명하고 현황을 인식시킨다.

② 선인의 공적과 고투의 흔적을 더듬어 이후, 변천이 많은 기업 경영의 의사 결정에 참고하도록 제공한다.

③ 기업의 존재 이유를 명확히 하고, 대외적 PR에도 이용한다.

 체크포인트

읽혀지는 회사 역사로 하는 것이 중요하다. 그러기 위해서는 회사 역사 전체의 톤을 밝고 스마트한 것으로 하고 본문중에도 사진을 많이 넣도록 한다.

○○주식회사 10년사 발간 기획서

당사는 내년 4월 1일로 창립 10주년을 맞이함에 있어 각종 기념사업을 기획하고 있습니다만, 그 일환으로서 하기 요령으로 회사 역사를 간행하고자 다음과 같이 제안합니다.

1. 기본방침

창업에서 오늘날에 이르기까지의 당사의 역사적 발전의 과정을 그려 그 중에서 당사의 경영 사적 특색과 우리나라 경제의 발전 단계 중 당사가 해 왔던 역할을 명확히 한다.

2. 발행목적

① 사내의 기록·자료의 체계적인 보존 및 관리에 이바지한다.

② 선인의 발자취를 되짚어 보는 것에 의해 기업경영의 참고에 이바지한다.

③ 사원의 교육훈련의 교재로서도 이용하여 이를 통하여 애사정신의 육성 향상에 유용하게 사용한다.

④ 회사의 발전과정, 활동내용, 기업이미지 등 사외에 대해 PR용으로 이용한다.

3. 명칭

「○○주식회사 10년사」라고 한다.

4. 편찬사무국과 편집위원회의 설치

본서를 간행함에 있어 편찬 사무국과 편집 위원회를 설치한다. 편찬 사무국은 총무부내에 두고, 사무국장은 총무부장이 겸무한다. 편집 위원회는 위원장에게 ○○부사장, 부위원장에게 ○○상무가 취임하고, 위원은 각 부문문에서 선출된 8명으로 구성된다. 위원회는 본서의 간행에 걸쳐 모든 책임을 진다.

5. 책의 구성

책의 전체 구성의 세부 사항에 대해서는 위원회에서 정한다.

연혁표 : 창업기, 도약기, 성숙기

본문 : 사업 부분

자료편 : 제품 부분

6. 편집형태 및 발행 권수

크기 : A5판,

페이지 : 1,000페이지

발행권수 : 5,000권

7. 수록 기간과 작업 완료

수록 기간 : 20○○년 4월부터 20○○년 12월까지의 사항에 관하여 기술한다.

작업완료일 : 20○○년 12월 말일까지 발간작업을 완료한다.

8. 필요경비

2000만 원 (□□출판사 견적서 첨부)

내역		
	편집비	×××만 원
	인쇄 제본비	×××만 원
	원고 사례	××만 원
	사무국 경비	××만 원

이상

12

CI 프로젝트 도입 제안서

 제안의 목적

기업이 발전 성장을 계속할 수 있기 위해 당사의 존재 의의를 되묻고, 나아갈 방향을 명확히 하고, 이것을 기업 이념이라는 형태로 명확하게 표현한다. 또한, 새롭게 전략, 조직, 제도를 쌓아 올리기 위해 사원 전원 참가에 의한 활동을 전개한다.

체크포인트

사원 한명 한명이 갖는 에너지를 120% 끌어내도록 CI활동의 내용, 운영 방법등을 선정하는 것이 중요하다.

CI 프로젝트 도입 제안서

당사는 예전부터 기업의 체질강화, 구조전환을 진행하여 왔으나 이후에는 이와 같은 개선에 한 층 박차를 가할 필요가 있다.

그런 까닭으로 CI프로젝트를 도입하여 경영을 둘러싼 환경의 변화에 유연하게 대응하여 영속적으로 발전, 번영해 갈 수 있을 것 같은 기업 체질을 만들어 내기 위한 여러 가지 활동을 실시할 것을 제안한다. 이하, 실시안에 관하여 다음과 같이 설명한다.

1. 목적

① 코퍼레이트·비젼의 명확화

당사는 무엇을 위해 존재하는가, 앞으로는 어떻게 해나가야 하는가 라는 것을 우리들 스스로 생각하고, 그것을 당사의 사상, 경영 방침, 사원의 행동 규범으로서, 공통의 언어로 나타낸다.

또한, 21세기를 향한 사업 전략, 이것을 지지하는 조직, 제도로 만들어 바꾼다.

② 활력있는 기업풍토 만들기

아무리 훌륭한 기업 이념이나 기업 전략이 있어도, 활력 넘치는 기업 풍토가 없다면, 그것들을 실현하는 것은 불가능하다. 위험을 두려워하지 말고, 항상 적극적으로 문제 해결에 임할 수 있도록, 의논의 축적에 의한 사원 전원의 의식 개혁을 도모한다.

③ 새로운 기업 이미지의 창조

기업 디자인의 통일, 회사명의 재인식, 광고선전 등을 통하여 기업 이미지 향상을 도모한다.

2. 실행조직

CI위원회 : 사장을 위원장으로 한 CI 프로젝트의 최고의사결정기관

CI사무국 : 위원회, 실행위원회의 운영, 외부기관과의 창구업무를 하고, 본 프로젝트를 정리하는 역

CI실행위원회 : 당사의 현재 상태와 문제를 파악·분석하고, 코퍼레이트·비젼 구축을 위한 작업을 실질적으로 추진하는 프로젝트의 중핵. 또한, 테마별로 분과회를 조직하여, 또 다른 문제점을 찾아내는 작업을 행한다.

분과회 **분과회** **분과회** **분과회** **분과회**

3. 작업 항목과 스케줄

① 문제점의 추출

당사가 가진 과제와 문제점을 임원, 부·과장, 사원 대표에 대해 청문회를 하는 중에 추출한다(4개월).

② 문제점의 명확화

사원 설문조사나 사외거래처, 경쟁기업, 기타에 대한 조사를 하여, 문제점의 명확화와 해결방책을 검토한다(4개월).

③ 기업 이념과 사업 전략의 책정

지금까지의 작업 결과로부터, 당사의 새로운 기업 이념이나 사업 전략을 책정, 조직개혁에 대해 검토한다(5개월).

④ 기업 이미지 향상을 위한 시책추진

현행 회사명의 평가, 회사명 변경의 장·단점, 작명 등에 관하여 입안 추진(7개월)

⑤ 본 프로젝트의 총괄

    C1프로젝트를 총괄하고, 당사의 2001년 사업목표(매출액, 경상이익 등)와 21세기의 전략 과제를 책정하여 이것을 모든 사원에게 공표한다. 그리고, 이 목표 실현에 사원 전체가 하나가 되어 임한다(개시로부터 총괄까지 2년 동안 완성).

    한편, 사외에 대해서는, 당사가 「새롭게 태어난 기업」으로 선고하고, 적극적으로 홍보(PR)한다.

⑥ 기타 지원 프로그램

- C1프로젝트의 애칭 모집·제정.
- C1프로젝트의 마스코트마크 모집·제정.
- 부서별 커뮤니케이션 모임 활동의 개최.
- 식전행사 및 총괄 발표의 식전은 성대하고 효과적으로 연출하여 본 프로젝트의 고조를 도모한다.
- 외부 컨설턴트를 기용하여 측면으로부터 지도를 받는다.

4. 예산

총 액 :   2,000만 원

내 역 :

활동비	××
행사비	××
컨설턴트 비용	××
매스미디어 비용	××
사무국 경비	××

이상

| 13 | 사내벤처 육성 제안서 |

 제안의 목적

종래, 신제품 개발에는 각 사가 맹렬히 경쟁하고 있으나, 신규 사업에의 진출은 어렵고 성공사례도 적다.

그렇지만 사업 환경이 혹독해지면 혹독해질수록 신규 분야에의 사업 전개가 필요하게 된다. 그래서 사원의 지혜를 모은 테마 찾기와 실행으로 옮길 때까지의 평가 또는 시험적인 사업화 등을 행하면서 사내벤처를 육성하는 것이 목적이다.

 체크포인트

① 배경 또는 필요성

왜 이와 같은 제안이 필요한지를 경영진은 물론 말단 사원에 이르기까지 이해시키는 것이 중요하다.

그러기 위해서 자사의 사업이 이대로는 점점 악화하는 것에 대해, 국내·외의 시황, 경쟁 타사의 동향, 앞으로의 전망 등에 대해 정량적으로 설명한다. 또한, 모든 사원이 지혜를 짜낸다. 그것이 난국 타개의 큰 힘이 된다는 점을 강조한다.

② 실시방법

많은 아이디어가 모이기 위해서는 제안서를 부담 없이 낼 수 있도록 고려한다.

그러기 위해서는 사무국(본사) 이외에 각 사업소에 담당(창구)을 두고, 제안서의 기재 내용도 가능한 한 간단한 것으로 한다.

또, 사업화 개발 단계에서는 제안자가 참가할 수 있도록 배려하고, 성공하면 사업 책임자 혹은 그에 가까운 지위를 주도록 하여 제안 의욕을 불러일으키도록 만든다.

③ 제안의 취급

사무국은 제안서의 취급을 공정 신속하게 행하고, 이것들의 경과에 대해 제안자에게 수시로 연락을 하는 것이 중요하다.

그러기 위해서는 사무국의 조직상의 위치 결정, 책임자 등 충분한 권한을 준 체제로 한다.

사내벤처(신규사업) 육성제도 제안서

-당신도 사장이 되지 않겠습니까-

표기 건에 대해 사원 활성화 운동의 일환으로서, 모든 사원을 대상으로 한 제도를 발족하고자 다음과 같이 제안한다.

1. 제도의 취지

사원의 아이디어를 발굴, 구체화하여 신제품을 내거나 신규 사업을 일으킬 수 있도록 회사가 적극적으로 지원, 추진한다.

2. 실시방법

본 제도는 다음의 4단계로 진행된다.

단계① 제안 : 아이디어를 제안서(별지)에 쓰고 사무국에 제출한다.

단계② 실현성 평가 : 아이디어가 현실성 있는 것인지 어떤지 평가하는 단계이다. 필요에 따라 팀을 만들어 실시한다.

단계③ 사업화 개발 : 실현성 평가의 결과, 사업성이 유망하다고 평가받은 아이디어에 관해서는 필요에 따라 사내 벤처팀 등을 편성하여 시험적으로 사업화를 행하여본다.

단계④ 사업 독립 : 사업화 개발의 결과, 사업으로서 독립하여도 괜찮다고 판단되면 정규 사업으로서 발족한다.

3. 제안서의 취급

(1) 제안의 평가, 사업화 개발 등에 수반되는 비용은 전부 회사가 부담한다.

(2) 발명, 실용신안 특허 등의 신청은 회사가 행하며 권리의 귀속은 공유로 한다.

(3) 제안이 스텝③ 이상에 해당한 경우는, 회사에 기여한 공적, 장래성 등을 고려하여 보상금을 아이디어 제안자에게 지급한다.

(4) 단, 현재 직장 현재 업무에 직접 관련된 제안은 본 제도의 대상에서 제외된다.

벤처(신규사업) 제안서

년 월 일

제 안 자	성 명	
	소 속 / 직 위	
벤 처 명 칭		
제 안 배 경		
제 안 내 용 (가능한 한 구체적으로 기 술 해 주 십 시 오)		
사 업 화 구 상 (희망 등 기재하세요)		
당 사 이 익		

사무국	접수날짜		처리결과	
	접수번호			

제 4 장
총무·인사 관련 기획서·제안서

14. 본사 사옥건설용 부동산구매 기획서

15. 회사의 리스이용 제안서

16. 화재 예방주간 행사 제안서

17. 문서보존규정 개정 제안서

18. 자료종류 감축 제안서

19. 폐기용지 분리·회수 기획서

20. 사외경조·기부규정 제정 제안서

21. 인사평가제도 개정 기획서

22. 연수회 기획 제안서

23. 재충전 휴가제도 도입 제안서

24. 생산부문 플렉스근무 검토팀 설치 기획서

25. 인사자료·급여계산 전산화 제안서

26. 신입사원 연수 기획서

27. 교육담당자 연수 기획서

28. 사원연수회 기획서

29. 파견근무 기획서

14	본사 사옥건설용 부동산구매 기획서

 기획의 목적

① 사내에서의 의사를 통일한다.

② 구매 부동산 및 시기를 확정시킨다.

③ 구매에 따른 여러 가지 문제를 제기한다.

 체크포인트

① 정확한 정보에 근거하여 작성한다(애매한 부분을 남겨 두지 않는다).

② 구매에 의한 장·단점을 확실히 평가한다.

③ 전문가에 의한 분석, 평가 등을 첨부 자료로 넣는다면 객관성이 높아진다.

④ 사운을 건 중요한 일이기 때문에 졸속 품의는 허용되지 않는다.

본사 사옥건설용 부동산구매 기획서

본사 사옥 건설용지로 하기 부동산을 구매하고자 합니다.

1. 대상물건

  (1) 소재지 : 경기도 성남시 분당구 서현동 1-2

               (분당역에서 도보 10분)

  (2) 면　적 : 5000평 (1만 6500평방 미터)

  (3) 가　격 : 100억 원 (평당 200만 원)

  (4) 매도인 : 분당부동산판매주식회사

  (5) 제　한 : 건폐율 80% 용적률 600%

  (6) 기　타 : 매수인에 대한 세제우대 조치 있음

               (부도심계획 특별조치법 35조)

2. 용지구매 시기

２０００년 9월 중

3. 용지구매 장점

  (1) 현재 도심의 5곳에 분산되어 있는 본부 각 부를 한 곳에 집중시킴으로써, 의사소통이 원활해지게 된다.

  (2) 구매비용에 관해서는 외화사채발행에 의한 저금리의 자금이 사용 가능하고, 또, 구매 비용은 감가상각비로서 장기에 걸쳐 절세 효과를 낳는다.

  (3) 구매 부동산은 장래 당사의 자산으로서 인프레셔널 헷지(Inflationary hedge)효과가 기대된다(임대와의 비교에 관해서는 첨부 별지1(생략)에 의한 시뮬레이션을 참조 바람).

4. 용지구매 단점

    (1) 본사 이전으로 인하여 통근에 불편이 생기는 사원이 증가하고, 통근 수당 등 추가 비용이 발생한다.

    (2) ……………………

5. 결론

    (1) 당사는 현재 이렇다 할 부동산도 없고, 장기적인 경영의 안정이라는 관점에 서 사유 부동산을 갖는 것은 가치가 있다.

    (2) ……………………

이상의 여러 가지를 감안한다면 이번에 구매해야 한다고 생각합니다.

이상

| 15 | 회사의 리스이용 제안서 |

 제안의 목적

① 리스회사의 거래처에 대한 외판설명자료로 사용한다.

② 리스의 구조를 이해시킨다.

③ 자사 리스의 유리함을 숫자로 설명한다.

④ 상대측이 차분히 검토할 시간을 가질 수 있도록 하기 위해 행한다.

 체크포인트

① 리스에 익숙하지 않는 사람에게도 알기 쉬운 표현으로 작성한다.

② 리스이용의 효과, 당사 독자적인 세일 포인트의 설명을 잊지 않고 행한다.

③ 견적서를 반드시 첨부한다.

④ 이미 이용 중의 동업 타사의 정보도 가능한 한 명시한다.

자동차 리스 이용제안서

귀사의 사업이 일익 번창하시길 기원합니다. 평소 각별히 신경을 써 주셔서 대단히 감사합니다.

우리나라의 경제도 고성장 경기가 지나가고 기업의 진정한 우열이 가려지는 시기가 되었습니다.

귀사에서도 각 부문에서 업무의 효율화와 합리화 등의 전략을 세우고 계실 것으로 생각합니다.

따라서 교통비 삭감을 위한 획기적 수법으로서, 당사의 자동차 리스 시스템을 다음과 같이 소개하오니 부디 검토하신 후, 채택해 주시도록 요청합니다.

1. 자동차 리스 도입의 이점

(1) 사무관리 면에서 이점

자사 보유의 경우 발생하는 서무 부문, 재무 부문 등에서 사무 관리 작업(첨부 자료①〈생략〉)을 80% 삭감할 수 있습니다.

(2) 차량 총비용 면에서 이점

자사 보유의 경우와 자동차 리스의 경우의 총비용을 비교한다면, 첨부 자료〈생략〉와 같이 리스의 경우가 훨씬 저렴합니다. 게다가 3년~5년으로 리스 기간이 길어질수록 그 차이는 벌어집니다.

2. 당사제공 보수·관리 서비스

(1) 기본적인 사고방식

보수·관리 서비스의 궁극적인 목적은 「안전운전의 확보」라고 생각합니다. 구체적으로는 ①정비 기타 각종의 기일 관리 ②균일한 예방·정비의 철저 ③ 사고의 원만한 처리입니다.

(2) 당사의 보수·관리 서비스네트워크에 관하여

전국에 4000개의 제휴 공장 있음 (첨부 자료③ 〈생략〉)

(3) 사고 발생시의 대응, 처리에 관하여

사고 발생시 귀사를 대신하여 합의 교섭을 하고 조속하고 원만하게 해결하고자 노력하겠습니다.

3. 결론

기업에서 자동차는 효율적으로 사용하는 것이 목적이고, 소유한 것 자체에는 의미가 없습니다.

당사가 제안하는 자동차리스시스템은 바로 상기 목적에 합치하는 것이며, 반드시 귀사의 차량관리 효율화에 도움이 될 것으로 확신하고 있습니다. 귀사에서도 충분히 검토하시어 채용해 주시기를 부탁드리겠습니다.

이상

16   화재 예방주간 행사 제안서

 제안의 목적

　화재 예방주간 중의 행사는 그 목적·취지와 참가 의식을 모든 사원에게 철저히 주지시키는 데 목적이 있다. 그러기 위해 관할 내의 소방서에 후원과 협력을 요청하고, 권위를 부여하여 연출할 수 있는 내용을 권장한다.

체크포인트

① 날마다 강화 주제를 새롭게 설정하고 행사 구분을 명확히 해 둔다.

② 제안서에는 참고란을 설치하고 실시상의 업무 분담, 포인트 등을 명기한다.

③ 소화전이나 소화기의 가전제품관리 훈련이나 방수 훈련에는 소방대원 등 전문가에 의한 지도와 실연을 요청하여 프로그램에 넣는다.

④ 아울러 일련의 행사 결말로서, 소방서의 책임자에게 강평을 요청하는 것이 좋다.

2000년도 춘계 화재 예방주간 행사에 관한 제안

올해도 오는 3월 1일부터 7일까지 전국춘계 화재 예방주간이 시행됩니다만, 당사도 당 운동의 일환으로서, ○○소방서의 후원과 지도로 하기와 같이 화재 예방주간 행사를 시행하고자 다음과 같이 제안합니다.

1. 목적

모든 사원에 대한 방화·방재 의식의 고양과 방화·방재 기구의 총 점검, 비상시각자의 책임과 임무의 재확인을 도모한다.

2. 실시 기간

2000년 3월 1일(일요일) ~ 3월 7일(토요일)

3. 행사내용(프로그램)

일정	테마(구분)	실시항목	적요
제1일 3월1일(일)	기숙사·가정 방재방화 협력일	1. 각 기숙사·가정에서는 다음의 사항에 주의하여, 방화·방재에 노력해 주십시오. (가) 난방기구의 점검 정비와 그 설치 장소 주위의 정리 정돈 (나) 언제든지 사용할 수 있도록 방화용수·소화기 등의 설치 장소 주위의 정리 정돈 (다) 비상 지출품의 점검 (라) 피난구, 피난통로 점검	각 기숙사·가정에서는 화재나 지진 발생 시, 당황하지 않도록 각자의 임무나 피난 후의 집합 장소 등을 사전에 정하는 등, 평소부터 의논해 두십시오
		2. 본 운동기간 중, 앞문 및 뒷문에 방화간판, 사내 각 소에 방화선전 포스터를 게시합니다.	경비계원이 실시합니다.
제2일 3월2일(월)	방화·방재의식 고양일 화재 대책 강화일	각 직장에서는, 화재 시, 소화나 피난 등에 지장을 줄 것으로 생각되는 것을 정리정돈하고, 또, 비상시에 각자가 각각의 임무를 수행할 수 있도록 재확인해 주십시오.	각 직장에서 실시해 주십시오.

제3일 3월3일(화)	화기취급작업장 전기설비 점검일	1. (가) 화기취급 작업장의 점검 (2) 각 작업장 지정의 흡연 장소 　　점검 (3) 각 작업장의 지정 주전자, 전 　　열기, 전기등 등의 점검	경비계원이 각 소관과 협력하여 실시합니다.
		2. 변전설비·구내배선 등의 점검 　　정비. 옥내·외 소화전의 전기계통을 점 검하고, 각 공장의 유도등도 점 검해 주십시오.	환경보존과에서 실시.
제4일 3월4일(수)	위험물 점검일 피난통로 점검일	1. 위험물 저장소 및 동 취급작업 　　장의 관리상황을 점검.	위험물 관리자 및 담당자가 실 시.
		2. (가) 각 작업장의 통로 확보. 　　(나) 비상구·피난통로 및 계단 　　　　등의 점검.	경비계원이 실시합니다.
제5일 3월5일(목)	소화전 사용훈련일	하기 요령으로, 소화전의 가전제 품관리법 훈련을 실시 　　　　　　다 음 시간 : 오전 11시~11시 30분 장소 : 체육관 옆 광장 대상자 : 신입사원(○년도 입사)	시간 엄수하여 반드시 참가하 여, 소방대원의 지도 아래 소화 전의 가전제품관리 방법을 습득 해 주십시오.
제6일 3월6일(금)	재해피난훈련일	각 자위소방분대는 오전 11시 55분부터 재해피난훈련을 실시 한다. 훈련본부는 정문 수위실에 설치 한다. 1. 화재발생(비상벨로 통지) 2. 각 분대통보반은, 각 분대에서 　설정한 출화점을 분대장에게 　보고 3. 분대장의 지시에 따라 피난 개 　시(유도반이 대원을 안전한 통 　로와 장소로 유도) 4. 훈련본부에 피난완료 보고 5. 강평(○○소방서장)	각 분대는 사전에 충분히 협의 한 후 실시해 주십시오. 피난을 할 때에는, 반드시 타올·손수건 등으로 코와 입을 막아 연기를 마시지 않는 훈련을 해 주십시 오.
제7일 3월7일(토)	경비계원 방화방재훈련일	경비계원은 방수훈련을 실시한 후, 사내를 순회하여, 휴일 및 과 업 종료 후의 방화체제에 대해 회의를 실시한다.	소방대원의 지도 아래 경비계원 이 실시합니다.

17	문서보존규정 개정 제안서

 제안의 목적

각 기업의 문서 보존 방법이 종래의 보존 박스 이용의 서고 보존에서 플로피 디스크·자기 디스크·자기 드럼·자기 테이프·마이크로필름 등의 형태로 OA화 중심의 보존으로 바꿔어져 왔다.

 체크포인트

① 표현은 가능한 한 간소화하고, 조항별로 설명한다.
② 각 부서에서 업무에 능통한 자를 선출하여 개정 위원회를 발족시키고, 개정 사항에 대해 전문적으로 검토를 의뢰한다.

문서보존규정 개정 제안서

종전의 문서보존규정은 제정 후 10년이 지나 OA화가 진행된 요즘, 실태에 어울리지 않는 것이 되었다.

따라서, 별지와 같이 개정할 것을 제안한다.

또한, 제안하는 개정안은 다음 사항을 고려하여 작성하였으므로 참고 요청합니다.

1. 용어의 간결한 표현

종전의 규정에는 난해한 법률 용어가 많이 쓰여져 현재에는 표현 방법에도 구체성이 결여된 면이 많다. 이러한 때 규정 용어는 적극 간이화하는 것으로 하였다.

2. 보존 연한

문서의 보존에서는 보존 연한의 기재를 의무화한다.

보존 연한은 문서보존 연한 일람표(후송)에 따라 분별한다.

3. 사무자동(OA)화 된 보존문서

OA화 된 문서도 본 규정을 준용한다.

4. 문서보존위원회의 설치

본 제안 실행에 관해서는 문서보존위원회를 설치하여 운용을 도모한다.

문서보존위원회는 각 부서에서 윗사람에 의해 선출된 위원으로 구성한다.

5. 문서보존위원회의 임무

- (신) 문서보존 연한 일람표의 작성
- 신규제정문서류의 보존 연한 조사와 규정
- 보존문서의 관리

이상

18	자료종류 감축 제안서

 제안의 목적

비용 절감은 이윤추구의 큰 요인이다.

비용 절감효과를 크게 하기 위해서는 먼저 비용 절감 활동을 회사 전체적으로
전개할 필요가 있다.

 체크포인트

① 구체적인 수치에 의한 현상 파악과 문제를 제기한다.

② ①의 결과를 기초로 목표를 명확히 한다.

③ 백업하는 체제를 취한다.

자료종류감축에 관한 제안

1. 현재 상태

현재, 당사에서는 자료나 파일의 보관 기준은 정해져 있지 않다. 각 부서의 자료나 파일의 보관 공간은 상당히 증가하였고, 사무공간을 압박하고 있다. 활용 빈도가 적은 서류가 다량 보관되고 있는 것은 공간적, 시간적인 면에서도 마이너스이다.

장래의 거주공간확보를 고려하여 자료보관기준을 재검토함과 동시에 과감한 삭감을 할 필요가 있다.

2. 개선안

① 목적 : 동일자료, 동일서류의 보관은 1부만으로 하고, 이용의 공용화를 도모한다. 개인 자료의 동일 파일링화와 CD화 보관의 촉진

② 목표 : 파일 보관 공간을 1/3로

③ 대상 : 파일, 서적, 잡지, 카탈로그, 도면 등의 종이 자료

3. 폐기의 기준

① 법정에 의한 보유 기한을 만료한 것

② 임의로 정한 보유 기한을 만료한 것

③ 활용할 전망이 없는 서류

④ 1회성 회람 문서, 통지문

⑤ 이미 갱신된 통계류

⑥ 컴퓨터에 입력한 원고

4. 추진의 구체안

본 제안은 회사 전체적으로 행하지 않는다면 의미가 없기 때문에 각 부에 추진담당자를 두고, 정기적으로 회합을 열어 실시 상황을 서로 보고한다.

| 19 | 폐기용지 분리·회수 기획서 |

기획의 목적

종이의 재활용은 지구 환경·자원 보호의 관점에서 국제적인 문제가 되고 있다. 이와 같은 상황에 근거하여 기업으로서도 재활용에 뛰어드는 것이 기업의 사회적 책임이라는 것을 호소함과 동시에 구현화를 입안한다.

체크포인트

어느 정도의 비용의 필요는 어쩔 수 없다는 것을 설득한다. 그 후, 관련하여 파생된 사항에 대해서도 언급해 둘 필요가 있다.

즉,

①외부에 알려져서는 안 되는 기밀 서류의 폐기를 어떻게 할 것인가.

②재생지 도입을 어떻게 진척시켜 나갈 것이냐는 2가지 점이다.

일반 폐기용 지류의 분리·회수 기획서

기계화의 진보, OA화의 진전과 동시에 종이의 수요는 연간 20%의 비율로 증가하고 있다고 합니다. 이처럼 종이의 수요가 매년 증가하고 있는 한편, 종이의 원료인 목재의 벌채가 진행되어 지구 환경 규모로 보아도 목재는 점점 부족해지고 있습니다.

이와 같은 상황으로부터 컴퓨터에서 출력 인쇄된 용지, 워드 프로세서 등 기계에서 출력된 용지, 기타, 신문, 잡지류 등의 일반 폐기용지를 재생지로 이용하는 움직임이 있습니다. 이미 ○○주식회사를 비롯한 대기업 20여 개 사, 중앙관청, 시, 구 레벨의 지방 관청 등에서 재생지에의 재활용에 뛰어들고 있습니다.

이번에 관공서에 의한 행정지도도 있고, 당사로서도 헌종이의 재활용에 참여하는 것이 기업으로서의 사회적 책임일 것으로 생각합니다. 재활용에는 말할 필요도 없이 비용이 들지만 최소한의 비용으로 억제해 간다고 하는 방침에 따라 다음과 같이 본사에서 일반 폐기 용지류(헌종이)의 분별 회수를 다음과 같이 실시하고자 합니다.

1. 분리·회수요령

재활용 상자(분별 상자)를 본사 내의 각 층에 적당 수 설치하여 헌종이를 분별(다음항2 참조)하여 회수한다.

① 재활용 상자에의 헌종이 투입

　각 층의 직원 각각이 각자 헌종이를 분별하여 투입한다.

② 헌종이 회수

　재활용 상자에 투입된 헌종이는 분류별로 위탁 업자에게 주 3일 회수하도록 한다.

2. 분리종류

① 컴퓨터 출력 문서류

　　청색의 재활용 상자에 투입.

② 고급용지(복사 용지, 단말기 사용 용지류)

　　적색의 재활용 상자에 투입.

③ 신문류

　　황색의 재활용 상자에 투입.

④ 잡지류(주간지, 서적, 팜플렛, 카탈로그, 봉투, 노트류 외)

　　녹색의 재활용 상자에 투입.

3. 비용

① 당초 필요한 비용

　　재활용 상자값 24만 원

　　(재활용 상자 1세트 ········ 3,000원, 8층×10개소×3,000원)

② 실시 후 필요한 비용

　　회수위탁업자에게 대한 지급비용 : 1개월 30만 원

4. 실시준비

① 재활용 상자의 설치

　　3월 마지막 주에 1층의 플로어부터 순차적으로 설치한다.

② 철저히 주지시키는 요령

　　2월 : 부장 회의에서 예고한다.

　　3월 : 초에 본사 게시판에 통지로 알린다.

5. 실시시기

2000년 4월 1일부터

① 기밀 서류의 폐기는 대형 파쇄기를 도입하여 분별 회수와 아울러 행하는 것을 검토 중이다.

② 상기의 헌종이류 외의 쓰레기는 이제까지처럼 휴지통에 투입한다.

③ 재생지의 도입은 다음 단계로 검토하고자 한다.

이상

20	사외 경조·기부규정 제정 제안서

 제안의 목적

일반 기업에 있어 사외 자를 대상으로 한 경조규정의 제정은 예가 적으나, 아무래도 기부하지 않으면 안 되는 대상이 복수로 발생한 경우, 규정이 있으면 불공평하게 경조하거나 망설이거나 하는 등에 대처할 수 있다.

게다가 금액에서도 그 시점의 적정액을 증여하기 때문에 부자연스럽지 않다.

 체크포인트

경조 금액에 대해서는 정기적으로 재점검하여 항상 적정액을 유지하도록 한다.

사외자에 대한 경조규정 제정 제안서

사외자에 대한 경조금의 금액을 하기와 같이 제정하고자 하오니 검토 요청합니다.

1. 계열회사 관계자

- 임원 사망의 경우 : (조의금) : 20만 원 + 화환 10만 원
- 임원 배우자 사망의 경우 : (조의금) : 20만 원 + 화환 10만 원
- 관계 직원 사망의 경우 : (조의금) : 10만 원
- 관계 직원 전근의 경우 : (전별금) : 10만 원
- 상기의 자가 상병의 경우 : 경중도에 따라 최고 50만 원을 한도로 위로금을 증여한다.

2. 일반 거래업자

- 사장 및 임원 사망의 경우 : (조의금) : 30만 원
- 사장 및 임원의 배우자 사망의 경우 : (조의금) : 20만 원
- 상기의 자가 상병에 걸린 경우 : 경중도에 따라 최고 30만 원을 한도로 위로금을 지급한다.

3. 주 거래처 관계자

부의금 : 50만 원

4. 기타

- 특히 영업정책상 필요하다고 판단되는 경우는 그때마다 협의하여, 50만 원~ 20만 원의 범위내에서 부의금, 위로금, 축하금 등을 증여한다.

이상

| 21 | 인사평가제도 개정 기획서 |

 기획의 목적

국제화 시대에서 살아가기 위해서는 미래에 과감하게 도전하고, 자주성을 갖고 행동하는 인재가 요구되고 있다.

그러기 위해서는 평소의 교육·훈련은 물론, 인사 면에서도 종래의 평가 제도로부터 새로운 시대에 적응한 「인사평가제도」로 개정할 필요가 있다.

 체크포인트

인사평가의 합리성이 어려운 문제인 만큼 개정에서는 관계 부문이나 사원 대표 등의 의견을 충분히 듣는 것이 중요하다.

인사평가제도 개정 기획서

1. 목적

국제화 시대를 맞이하여 혹독한 기업 경쟁에 이기기 위해서는 기업 구조를 변혁하고, 신규 분야를 개척해 가는 것이 요청되고 있다. 그러기 위해서는 적극적으로 행동하는 인재가 요구되고, 이것에 대응한 인사평가시스템이 필요해 지기 때문에 종래의 것을 하기와 같이 대폭 개정하고자 한다.

2. 내용

주로 다음 3가지를 개정한다.

  (1) 감점주의에서 가점주의로 변경

      종래는 주어진 일을 수행하는 과정에서 실패나 실수가 있으면 만점에서 빼는 감점법을 취하였다. 그에 대해 새로운 평가제도는 「얼마만큼 하였는가」 「어디까지 진행되었는가」로 결과나 프로세스를 적극적으로 인정하고, 이것을 가점 해 가는 가점법이다.

      이 방식의 취지는 사원 한 명 한 명의 장점을 평가하고, 일에서의 도전 정신의 발휘를 평가하는 것이다.

      따라서, 결정된 것을 단지 정확하게 틀림없이 하여도 제로 평가로 한다. 새로운 평가표는 별표 1(생략)과 같다.

  (2) 패자 부활제의 도입

      새로운 것에의 도전은 실패를 수반하는 것이 많다. 한 번이라도 실패 때문에 승진이 지연되고 이를 회복할 수 없다고 한다면, 누구도 새로운 것을 시도하려고 하지 않게 된다. 그래서 의욕 있는 사원이 새로운 사업에 도전하여, 설령 실패해도 3년 지나면 또 새롭게 시작할 수 있고, 그 실패의 인사평가는 백지로 돌리는 것으로 하고자 한다. 이 제도의 도입에 의해 사원에게 도전을 권함과 동시에 그 후의 일도 걱정 없도록 한다.

(3) 업무의 형태에 입각한 평가

업무의 내용이 영업인가 개발인가, 수주형인가 시장 개척형인가 등에 따라, 평가의 중점을 바꿀 필요가 있다.

어쨌든, 프로세스보다도 결과에 중점을 두어 평가하기 쉽고, 바로 성과가 나오지 않는 일이나 부담이 큰 일은 불리하게 되지만 이것은 불공정하다. 그래서 개정안에서는 평가요소의 항목, 중점을 일에 입각하여 상세히 구분하여 쓰도록 한다.

3. 운용상의 개선

인사평가는 일의 동기 부여, 의욕의 향상 등 중요한 효용도 있으므로, 이후, 평가에 있어서는 평가자는 피평가자를 빈번하게 면접하고, 납득이 갈 때까지 서로 의논하도록 한다.

이러한 것으로부터 의욕 있는 인재, 새로운 일에 척척 도전할 수 있는 인재를 발견하고 키워 가도록 한다.

4. 실시 일자

2000년 1월 1일

이상

기획의 목적

교육단체에서 지방자치 단체 및 구청 등에 제출된 직원연수프로그램의 기획서이다.

기획서·제안서의 항목에서는 공공단체라면 변하는 일은 없다.

신규 참가자 때문에 더욱더 기획·제안의 내용이 중요하게 되지만, 서식에 구애받지 않고 간결 명료하게 정리한다.

체크포인트

① 연수의 목적과 효과를 간결하고 알기 쉽게 나타낸다.

② 장시간에 걸친 것이라면 시간대별 프로그램을 작성한다.

③ 연수비용의 견적은 첨부서류에 별지로 첨부한다.

보람찬 직장생활 연수회 기획 제안서

주제 : 「일하는 보람」 「사는 보람」을 만들어 내기 위해

1. 연수목적

급격하게 진행된 인구 증가, 고령화, 쓰레기 처리 능력의 포화, 환경 문제 등 지방 행정을 둘러싼 정세는 다양화되고 있으며, 사무관리의 OA화, 주5일제 도입과 행정 내부 변혁도 진행되고 있습니다.

지금까지 이상으로 유연한 대응을 강요받는 직원에게 있어서는 「일하는 보람」, 「사는 보람」이 있는 직장 만들기에 높은 관심이 모이고 있습니다.

그래서 지방 행정에 ○○○님과 생활능력개발에 ○○○님 두 사람을 강사로 모시고 현재의 지방자치단체로서의 「역할」을 재인식하고, 또, 직원 개개인의 「사는 방식」에의 길잡이가 되도록 이 연수를 제안합니다.

2. 연수개요

(1) 대상 : 신입 및 재직 직원

(2) 강사 : ○○○님　　　　○○○님

　　　　　약력………　　약력………

(3) 기간 : 2일

3. 연수비용

별지 견적(생략)을 보아주십시오.

4. 연수프로그램

(1) 연수 스케줄 (제1일째)

　　10:00 : 개회·인사

　　　　　〈강의〉

　　　　　「직장을 둘러싼 환경의 변화」

　　12:00 : 중식·휴식

13:00 : 〈강의〉

「시민과의 커뮤니케이션」

〈그룹연구〉

브레인스토밍에 의한 「커뮤니케이션 만들기의 문제점」 추출

〈강사 코멘트〉

(단, 휴식을 포함)

16:00 : 간담

16:30 : 종료

(2) 연수 스케줄(제2일째)

10:00 : 〈개인 연구〉

「개인으로서 자신의 행동 목표 검토」

〈강사의 코멘트〉

12:00 : 중식·휴식

13:00 : 〈강의〉「일하는 보람」

〈질의 응답〉(단, 휴식을 포함)

15:30 : 간담

16:30 : 종료

5. 기타

이상

23 재충전 휴가제도 도입 제안서

 제안의 목적

근속 연수가 수십 년에 달하게 되면 기술은 숙련되나, 아무리해도 참신한 발상이나 유연한 사고가 부족하게 되고 매너리즘에 빠진다.

이 때문에 재충전할 필요가 생기나, 통상의 근무 상태를 유지한 채로는 현실적으로 어렵다.

심신 모두 재충전하기 위해 특별히 주어지는 것이 재충전휴가이다.

 체크포인트

① 제도의 공평 운용을 기하기 위해 근속 연수를 기준으로 대상자를 정하는 것이 타당할 것이다.
② 재충전이라고 하는 목적에서 보면 1주 이상의 연속 휴가가 바람직하다.
③ 이러한 종류의 제안에 대해서는 문제점을 지적하고 개선을 요구하는 것보다도 동업 타사 등의 동향을 나타내고 개혁을 바라는 것이 유효할 것이다.

재충전 휴가제도 제안서

표기의 건에 대하여 하기와 같이 재충전 휴가를 도입하고자 인사부 교육과안을 제시하오니, 검토를 요청합니다.

1. 배경

중견 및 숙련 사원이 기업의 성장, 발전, 이익의 신장, 종업원의 사기진작에 있어서 담당하는 역할은 대단히 크다.

그렇지만 회사원 생활을 몇십 년 계속한다면, 타성에 빠져 신선한 발상이나 유연성이 약해지게 되는 것도 또한 사실이다.

그래서 몇 주간 연속된 휴가를 주는 것에 의해 심신 모두를 재충전할 기회를 주어 이후 한층 더 활발한 활약을 기대하는 것이다.

2. 대상자

재충전 휴가를 받는 대상자의 조건은 근속 연수를 기준(도1 참조)으로 하고, 아래와 같은 연수에 이른 날로써 재충전휴가 취득 자격자가 된다.

① 근속 10년
② 근속 15년
③ 근속 20년
④ 근속 25년

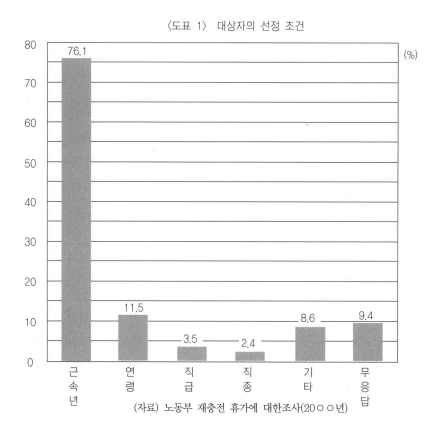

〈도표 1〉 대상자의 선정 조건

(자료) 노동부 재충전 휴가에 대한조사(20○○년)

3. 휴가부여일수

근속 연수에 따라, 하기의 일수를 부여한다.

- 근속 10년 : 7일간
- 근속 15년 : 7일간
- 근속 20년 : 14일간
- 근속 25년 : 14일간

4. 취득기한

재충전 휴가 취득 자격자가 된 날로부터 1년간으로 한다.

5. 휴가의 용도

휴가를 어떻게 보내는가는 개인의 자유로 한다.

6. 지원제도

현재 재충전휴가를 실시하고 있는 기업 중 40%정도가 지원 제도를 실시하고 있다(도2·3 참조). 효율적으로 휴가를 취득하도록 하기 위해 아래의 수당을 각각 지급한다.

- 근속 10년 : 50만 원
- 근속 15년 : 70만 원
- 근속 20년 : 100만 원
- 근속 25년 : 150만 원

〈도표 2〉 지원제도의 유무

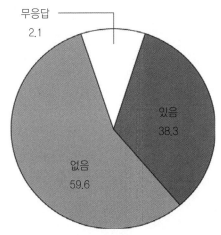

(자료) 노동부 재충전 휴가에 대한조사(20○○년)

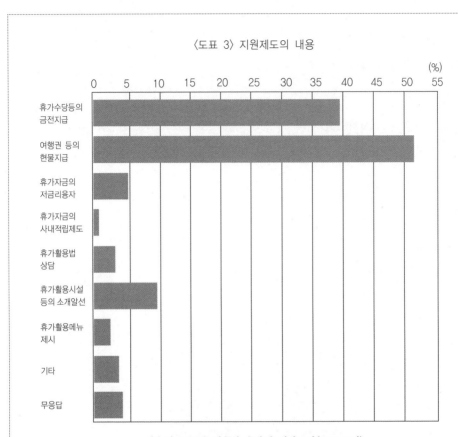

〈도표 3〉 지원제도의 내용

(자료) 노동부 재충전 휴가에 대한조사(20○○년)

7. 제도 실시상의 유의점

(1) 직급자가 솔선하고 취득하지 않으면 안 된다.

일반사원의 처지에서 보면 휴가는 좀처럼 취하기 어려우므로, 직급자가 솔선하여 휴가를 써, 재충전 휴가를 새로운 인사 제도로서 정착하도록 도모한다.

(2) 취득 계획을 세워 업무에 혼란이 없도록 배려한다.

각 부서에 따라 업무의 전망은 다르므로 사전에 취득 월일을 정해 두고, 비교적 한산할 때에 취득하는 것이 바람직하다.

동일 부서에 있어서 재충전 휴가 및 그 밖의 휴가 취득자가 중복된 경우에는 연장자의 권한으로써 변경할 수 있다.

이상

생산부문 플렉스근무 검토팀설치 기획서

 기획의 목적

최근 몇 년간 사무부문, 기술부문에서의 근무시간의 플렉스화를 각 기업이 도입하고 있다. 이후 인재 확보를 유리하게 진행하기 위해 생산부문에의 플렉스화 도입을 검토한다.

 체크포인트

생산성에 크게 영향을 주는 문제이며 상세하고 면밀한 검토가 필요하다. 관련부문의 베테랑 관리자로 구성하고, 인적구성원과 일정 등의 여유 있는 계획일 것.

생산부문 플렉스근무 검토팀 설치 기획서

사무 부문, 기술 부문은 올해부터 근무의 플렉스화를 실시하였습니다만 장래의 생산 부문 플렉스 근무화를 검토하는 프로젝트팀의 설치를 다음과 같이 제안합니다.

1. 목적

생산 부문의 인재 확보는 이후 점점 어려워져 채용 활동이 생각대로 진행되지 않을 것으로 예상된다. 또, 현재의 생산 부문 사원의 매력 있는 직장 만들기를 위해서도 생산 부문의 플렉스 근무화의 실현을 향해 타사보다 먼저 검토한다.

2. 계획 개요

   (1) 프로젝트팀 명 :「플렉스 2006」

   (2) 팀원   : 생산관리부 : 부장, 차장

     〈합계 10명〉   생산부   : 부장, 차장

                    기술부   : 차장

                    인사부   : 노무과장

                    기타   : 각 부장에게 지명받은 자

   (3) 주요 검토 내용

     • 생산성에 영향을 주지 않는 플렉스 근무 형태

     • 기술계 각 부문과의 연계를 손상시키지 않는 근무 형태

     • 생산 부문의 사기에의 영향

     • 납입처, 외주처와의 관계

   (4) 프로젝트팀의 활동 예정   매월 2회 검토회의 실시

   (5) 생산 부문 플렉스화 제안서 제출   평성△년 9월 예정

3. 팀 활동비용

- 타사 상황 조사 관련비 약   150만 원
- 팀원 노무비   약 1200만 원
- 자료 작성비   약 50만 원

4. 기타

- 프로젝트팀을 결성하여 본건에 관하여 검토할 것을 사전에 관계 각 부장의 이해를 얻고 있습니다.
- 별첨 자료는 국내 메이커의 생산 부문에 있어서의 플렉스 근무 채용 상황입니다(여기서는 생략).

이상

| 25 | **인사자료·급여자료 전산화 제안서** |

 제안의 목적

① 이 전산화는 사람에 의한 수작업이나 외주하고 있는 사무를 사내에서 컴퓨터로 처리하는 내용이다.

② 전산화에 의해 사무의 신속 정확한 데이터의 작성이나 관리를 행할 수 있는 이점과 투자효과를 제안한다.

 체크포인트

① 제안에는 비용대비 효과를 강조한다.

② 가능한 한 간결 명료하게 한다.

③ 알기 쉽고, 판단하기 쉽게 기술한다.

인사자료·급여자료 전산화 제안서

컴퓨터에 의한 인사자료 전산화에 관하여(제안)

1. 전산화의 목적과 효과

- 현재 필요로 하는 비용보다도 적은 비용으로 처리할 수 있다.
- 정확하고 신속하게 처리할 수 있다.
- 필요한 여러 데이터를 작성할 수 있다.

2. 적용 업무

(1) 3명이 수작업으로 하고 있는 다음의 인사 데이터의 작성.

① 사원 명부 및 그 관리

② 인사 통지서

③ 인사 연수에 관한 분석 데이터

(2) 사외의 계산 센터에 위탁하고 있는 급여 계산

3. 도입 기종 및 소프트

(1) 하드웨어 구성

① 본체 :   ○○○-○○○○○○(○○○)

② 확장 시스템 :   ○○-○○○(○○○)

③ 디스플레이 :   ○○○-○○○○○○(○○○)

④ 프린터 :   ○○○○-○○○○(○○○○)

(2) 어플리케이션 소프트웨어

① 급여계산시스템 ○○○(○○○사)

② 인사데이터관리시스템 ○○○(○○○사)

③ 기타, 워드프로세스, 표 계산 등의 관련 소프트

4. 도입 스케줄
   - 도입의 결정　　　　　 :　　　　　　　　3월 15일
   - 기종 및 어플리케이션 소프트웨어의 결정 :　　　　15일
   - 설치 장소의 결정 :　　　　　　　　　　　15일
   - 오퍼레이터 인선　　　　 :　　　　　　　　31일
   - 납입　　　　　　　　 :　　　　　　　4월 1일
   - 사용 지도　　　　　　 :　　　　　4월 2일~5월 15일
   - 병행 런　　　　　　　 :　　　　5월 16일~8월 31일
   - 가동 개시　　　　　　 :　　　　　　　　9월 1일

5. 예산과 절감 효과
   (1) 투입비용 : ×××만 원/5년
      ① 하드웨어는 5년 리스로 한다.
         리스료 ××만 원/월　 ××만 원/5년
         리스 회사는 ○○리스 주식회사로 한다.
      ② 어플리케이션 소프트웨어는 구매한다.
         소프트 5종류 ××만 원
   (2) 절감효과 ××.×만 원/년
      ① 인건비 3명 ××.×만 원/년
      ② 계산 위탁비 ××.×만 원/년

　　　　　　　　　　　　　　　　　　　　　　　　　이상

26	신입사원 연수 기획서

 기획의 목적

학생 기분이 남아 있는 신입사원에게 사회인으로서의 매너나 회사의 개요, 방침 등을 철저히 하기 위한 연수를 기획한다.

신입사원이 각 직장에 배속되기 전의 트레이닝으로서, 매년 실시되는 성격의 것이지만 사회 정세의 변화에 맞추어 유연하게 교육 과정을 재편성해 간다.

 체크포인트

① 연수의 기본방침은 사회인으로서의 의식을 심어 주는 것과 회사를 이해시키는 것으로 한다. 따라서, 연수 교육 과정도 그와 당연히 같이 짜야 한다.

② 일방적인 강의만으로는 연수를 받는 측도 소화 불량에 걸려버린다. 자신이 신입사원이 된 기분으로 「참가형」의 연수 스타일로 하여 채찍도 있으면 당근도 있는 연수를 기획한다.

신입사원 연수 기획서

1. 취지, 연수목적

금년도 신입사원을 대상으로 하여 사회인으로서의 자각 촉진, 회사 개요 및 방침의 이해를 목적으로 한 연수를 실시한다.

2. 연수 기간

① 기간 : 2000년 4월 2일(목)~4월 10일(금)

② 장소 : 당사 연수 센터

③ 대상 : 금년도 신입사원 100명(남자 60명, 여자 40명)

④ 연수 스케줄

4/2(목)	강의~사회인의 마음가짐, 사훈설명 외
4/3(금)	강의~회사경영방침, 선배사원의 체험담, 회사관련 기초지식 외
4/4(토)	강의(AM)~선배사원에 의한 업무 롤플레잉 (PM)~소프트볼 대회
4/5(일)	휴일
4/6(월)	강의~각 부문 상황 설명(생산, 관리, 영업, 국제 외)
4/7(화)~8(수)	그룹 학습(테마 : 회사와 일 외 케이스 스터디 2건)
4/9(목)	그룹학습 발표회
4/10(금)	연수총괄, 배속발표, 이후 스케줄 외

3. 연수비용

600만 원(예산관리부문 : 인사부)

이상

| 27 | 교육담당자 연수 기획서 |

 기획의 목적

교육담당자는 타인을 교육시킬 뿐만 아니라, 자기 자신도 여러 가지 교육을 수강하고, 지식이나 기능을 몸에 익혀 두는 것이 중요하다. 이 기획은 사내교육담당자를 대상으로 한 기초과정 연수 시행의 기획이다.

 체크포인트

기초 코스의 경우는 이동이나 신인 사원으로 교육 담당이 된 자를 대상으로 하는 연수이므로 너무 어려운 내용으로 하지 않고, 게임 등을 섞어 참가자끼리 즐겁게 배우는 프로그램을 기획한다.

교육담당자 기초연수 기획서

표제의 주제에 대해 다음과 같은 내용으로 실시기획을 작성하였사오니, 검토해 주시길 요청합니다.

1. 목적

교육담당자로서 필요한 기초적 지식을 배우는 것을 목적으로 한다.

2. 일시

2005년 6월 1일(월)~3일(수) 〈2박 3일 코스〉

3. 장소

본점 연수센터(연 놀부)

4. 대상자

신임 교육 관련 담당자

5. 참가신청

① 별지 신청서에 기재한 후, 2005년 5월 20일까지 도착하게 할 것
   (FAX나 사내우편도 가능)
   (보낼 곳) 본점 교육연수부 홍길동 앞
   〈FAX번호〉 01-234-5678
② 지방 지점에서의 참가자는 연수센터 내 숙박시설을 제공하므로, 그 내용을 기입해 주십시오.
③ 참가자에게는 사전 준비자료를 송부하오니 예습 요청합니다.
   • 「교육담당 핸드북」
   • 「연수 매뉴얼」
   • 「직장을 밝게 하는 책」

6. 신청서

2000년 0월 0일

교육담당자 기초연수과정 수강신청서

소　속		성　명	성별	연령	직급
			남·여	세	
교육경험	숙박희망	사원 코드	부서장(허가날인)		
년	요·불요		(성명)		(인)

① 마감은 2005년 5월 20일입니다.
② 숙박비용 실비부담(2박 12,000원).

이상

138

(별지)

교육담당자 기초과정 연수프로그램

	6월 1일(월)	6월 2일(화)	6월 3일(수)
8:30 09:00		조식	조식
		교육훈련의 바람직한자세	그룹연수성과발표와 강평
10:00			교육기획을 세우는 방법 실습
		프리젠테이션기법	
12:00	(현지집합)		
13:00	중식	중식	중식
	오리원테이션	케이스스터디란	발표와정리
	자기소개	그룹연수 문제해결방법	종료에 있어서
15:00			해산
	교육계입실습		
17:00			
	교육의 기초지식		
18:00			
19:00	석식과	석식	
20:00	정보교환파티	계속	
	(자유)	22:00	

(주) 수강자 후일 레포트를 제출 받습니다.

이상

28	사원연수회 기획서

 기획의 목적

사원연수회의 기획 입안의 목적은 사원의 지식향상, 사기고 양과 의식 개혁을 도모하는 것이며 그것을 행하는 의의나 이점, 효과 등을 확실히 기술하지 않으면 안 됩니다.

따라서, 무엇을 위해 어떠한 성과가 기대 가능하며, 언제, 누가, 어디서 실시하고, 그것에는 어느 정도 경비가 필요한가 등이 구체적으로 입안되어야만 합니다.

 체크포인트

기획서는 회사의 기본방침에 따라, 업무명령이나 담당업무의 하나로서 작성되는 것이며, 제안자의 자발성에 의해 작성되는 제안서와는 이 점에 있어서 다릅니다.

기획서 작성에서 기본요건은 5W(언제, 어디서, 누가, 왜, 무엇을)와 2H(어떻게, 얼마나 드는가)이다.

영업사원 세일 회화술 향상 연수회 기획서

최근의 판매실적의 저조 원인의 하나로 젊은 영업사원의 세일 회화술력 부족이 생각됩니다. 그런 이유로 젊은 영업사원을 위한 세일 회화술 향상 연수회를 다음과 같이 기획하였사오니 승인을 요청합니다.

1. 개최 개요

최근 판매 경쟁에 이기기 위해서 세일맨의 훌륭한 회화술은 빼놓을 수 없는 테크닉의 하나이다.

그러나 신입 영업사원의 일상회화나 전화 통화에서의 회화를 들으면 경어의 사용법, 이야기의 정리법, 회화술 등 어느 것을 보아도 성인이라 할 수 있는 사람이 없다.

2. 개최내용

1) 대상 : 입사 5년 미만의 영업사원

2) 일시 : 2○○○년 4월 17일(금)~19일(일) 3일간

3) 장소 : 당사 용평 연수센터

4) 강사 : (1) 연놀부(학교 교장)

　　　　　(2) 이순신(경영연구소 소장)

　　　　　(3) 홍길동(대학 강사)

5) 인원 : 입사 5년 미만의 남자 영업사원 35명

6) 경비 : 850만 원

7) 기타 : 이번이 최초 시도이나 효과가 있다면 베테랑 사원에 대해서도 실시하고자 한다.

이상

파견근무 기획서

기획의 목적

제휴하고 있는 친밀한 기업으로부터 교육·연수의 일환으로서, 직원의 하기 사례 기업으로의 파견 제의에 대하여 받아들일 것을 강하게 주장한다.

체크포인트

5W를 확실히 한다.
① When : 연수기간
② Where : 연수부문
③ Who : 누구를
④ What : 교육·연수의 주제
⑤ Why : 이유

제휴기업 사내연수신청 기획서

당사의 제휴협력 기업인 동서은행으로부터 계장급의 초급 직원을 교육·연수의 일환으로서, 당사에 파견근무 연수시키고 싶다는 내용의 서면에 의한 신청이 있었습니다. 동서은행은 장래 당사 직원의 국내 연수처로 최우선 기업입니다. 그러므로 동서은행의 파견 연수요청에 대한 기획서를 제출합니다.

1. 제휴기업 연수생

　홍길동 …… 동서은행 조사부 계장(28세)
　연놀부 …… 동서은행 외환관리과 계장(26세)

2. 당사 연수부문

　홍길동 …… 기획부
　연놀부 …… 재산부 재산심사과

3. 당사 연수기간

　기획부 …… 2000년 4월 1일~2000년 12월 말일
　재산부 재산심사과 …… 2000년 7월 1일~2000년 3월 말일

4. 교육·연구 테마

　홍길동 …… 경영계획
　연놀부 …… 자산운용

5. 첨부 자료

　① 각각의 이력서 사본(생략)
　② 동서은행 조사부장으로 부터의 편지(생략)

이상

제 5 장
신상품·전시회·판매점 관련
기획서·제안서

30. 건강식품 개발·판매사업 제안서
31. 신상품 기획서
32. 상품설명회 기획서
33. 신제품 홍보 기획서
34. 판매점 체인점화 제안서
35. 파일롯숍 출점 기획서
36. 사원소개 세일 캠페인 기획서
37. 가전제품관리 여성관리사제도 제안서
38. 이벤트 출전 기획서
39. 발렌타인 콘서트 기획서
40. 전시회 출전 기획서
41. 통신·전기설비기기 견본시장 출전 기획서
42. 건축재료 전시회 출전 기획서
43. 해외조사단 결성 기획서
44. 점포관리 시스템 제안서
45. 전국여성 가전제품관리사회의 개최 기획서
46. 전국판매회사 가전제품관리사회의 지출 기획서

제안의 목적

　다음 사례의 회사에서는 새로운 사업을 기획하였을 때, 사업기획본부에 제안하여 심사를 받는다. 통과하면 보충조사를 하여 임원회의 결재를 받아 실행프로젝트가 시작한다.

체크포인트

　시장조사, 기술조사, 요구품질·비용, 차별화 전략 등을 충분히 검토하여 제안하는 것이 바람직하나, 지나치게 시간이 걸려 호기를 놓치지 않도록 해야 한다.

　또, 마이너스 사고가 지나치게 강하면 실행할 수 없게 되는 경우가 많으므로, 적극적인 사업개발 의욕과 신중한 리스크관리의 균형을 잡는 것이 중요하다.

성인병 예방 건강식품 개발·판매사업 제안서

1. 제안개요

인구의 고령화는 다음 표에서와 같이 급속히 진행되고 있다

[65세 이상의 인구와 구성비율]

1985년	1995년	2005년
400만명(10.0%)	600만명(13.6%)	700만명(17.1%)

(보건복지부 2000자료)

이와 같은 고령화 사회를 맞이함에 따라 동맥경화에 의한 심장병, 뇌졸중, 혈행장해 등의 성인병과 노인성 치매가 계속하여 증가되는 것으로 생각된다. 당사는 사니타리 제품의 개발판매를 통하여 고령화 사회에 공헌해 왔으나, 새로이 성인병 예방 건강식품의 개발판매사업을 부가하여 사업확대를 도모할 것을 제안한다.

2. 당사 사업과의 관계

당사는 지명도가 높고 강력한 판매망을 소유하고 있다. 또한 의약품 제조업에 필적하는 제조기술, 품질관리기술을 가지고 있다. 이 판매력과 기술력은 당 사업의 성공 열쇠가 되는 것이다.

3. 사업화 전략(차별화 전략)

당 사업부가 관련하고 있는 A사가 고순도 EPA와 DHA를 추출·정제하는 기술개발에 성공하였다. 당사와 협동사업화의 타진을 하였던 바, 양해를 얻을 수 있었다. DHA는 뇌신경세포의 노화를 방지하고 치매예방에도 효과적이라고 최근 보고되었으며, 이후 유망한 성인병 예방의 영양보조식품이 될 것으로 예상되므로, DHA를 주체로 한 제품의 개발판매부터 당 사업에 참가한다.

4. 타사의 상황

식품회사인 X사와 어업회사인 Y사가 같은 양상의 내용으로 사업화를 검토중에 있는 것으로 사료되며, 또한 수 개회사가 참여할 것으로 예상된다.

5. 개발스케줄(상세한 내용은 생략)

시작품 판매 : 20○2년 10월

양산품 판매 : 20○3년 4월

6. 목표품질·목표비용·예상매출(상세한 내용은 생략)

20○5년도 매출 : 10억 원(20만 케이스)

한계이익 : 5억 원

7. 법규칙·특허사정

관련된 각종 법규 및 특허를 조사할 필요가 있다. 본 제안이 승인된다면 관련 부서의 협력을 얻어 실시한다.

8. 필요자료(생략)

개발인원, 개발비, 설비비 등을 기재한다.

9. 심사결과(상세한 내용은 생략)

조사의 결과, 승인으로 한다. 단, 다음의 건에 대해 보충 조사를 실시하여, 임원회에 제출한다.

    (결정일) ××년×월×일   (결정자) 사업기획본부

    (이하 생략)   홍길동

10. 첨부서류

이상

31	신상품 기획·개발 기획서

 기획의 목적

상품의 기획, 개발에서 ①아이디어수집, ②아이디어선별, ③기획(제안)의 분석, ④상품개발, ⑤시장테스트, ⑥상품화의 6가지 과정을 거치는 것이 일반적이다.

상품기획서는 제3의 과정, 즉「기획(제안)의 분석」단계에서 작성되며, 통상 상품 기획 회의 등에서의 제안 및 검토 자료가 된다.

 체크포인트

상품기획서에는 다음 항목이 클리어(분석)되어 있어야만 한다.

① 기획내용 : 구분

② 기획목적 : 개요

③ 제안 이유 : 개발목적 등

④ 상품 개요 : 상품컨셉, 상품명, 상품장단점, 판매가격, 목표시장 등

⑤ 시장규모 : 시장 동향, 시장규모, 목표시장 등

⑥ 판매전략 : 판매방침, 판매 시기, 수익성 등

무인주차장 이상 통보 시스템 기획서

□ **첨부 자료**
- 기능·사양서
- 유사상품의 카탈로그
- 제품 스케치와 시스템도

기획구분	신사업 신제품 개량품 아이디어 제안		
기획목적	매출확대 특주관수 미래투자 기술향상		
대상시장	주차장업계	주요 판매처	주차장설비 메이커
시장규모	2년간 50억 원	판매 가격	1시스템 15만 원
목표매출액	2년간 3억 원	개발 시기	2〇〇〇년 4월～〇년 3월
발매시기	2〇〇〇년 4월	상품화 검토월	2〇〇〇년 1월
설비투자액	1000만 원	기타	

1. 기획의 목적

무인주차장의 신규 분야에의 진출을 도모하고, 이상통보 시스템의 시장점유율 향상을 도모한다.

2. 기술적 선진성

전화기 부문의 송수화기를 없애고 핸즈프리 통화를 가능하게 한다(송수화기가 잘못 놓이는 것을 방지할 수 있고, 고장을 줄일 수 있다).
메세지 내용의 공통성 확보.

3. 기능의 선진성(첨부기능일람표 참조 할 것〈생략〉)

자동응답기능, 핸즈프리 통화 기능, 내장 스피커에 의한 수화확성이 가능

4. 디자인상의 참신성

전화기 부분에서 송수화기를 없앤 슬림 타입

주차장 무인감시 부분에 내장할 수 있는 타입

5. 종합적 차별화 평가

무인주차장 시스템에 내장 가능한 핸즈프리 타입이기 때문에 경쟁 제품과 차별화
되어 새로운 시장에서의 우위성을 노리는 시스템이다.

6. 판매 루트

주차장설비 메이커에 OEM을 제공할 수 있는 외에 주차장 주인, 설비시공·보수업
자를 대상으로 한 판매 루트를 개척할 수 있다.

7. 설치공사·보수상의 생력화

시스템 데이터의 현행설정과 다운로드에 의한 데이터 설정으로 보수가 가능

검토결과			년 월 일 상품기획회의	
● 채용	● 조건부 채용	● 재검토	● 아이디어 채용	●비채용
★ 검토결과(코멘트)				
			서 명 _____	

32	상품설명회 기획서

 기획의 목적

　상품설명회의 기획안 목적은 사원 혹은 거래처 등의 관계자에 대해 자사상품의 우수성, 특장점 등을 이해시켜 사원에게 자신감을 가지고 영업 활동을 하게 하거나, 거래처에 사용을 요청하는 데 있다.

　따라서, 생각나는 대로 해서는 안 되고 상품의 발매 시기, 거래처가 출석하기 쉬운 날 등 계획시행 일정의 타이밍은 특히 중요하다.

 체크포인트

　최소한의 경비로 최대 효과를 얻기 위하여 언제, 어디서, 누구에게, 무엇을, 어떻게 실시하는가가 중요한 사항이 된다. 또, 거래처를 초대할 때는 설명회 회장은 호텔 등을 이용하는 것이 일반적이며 접수, 설명회장의 넓이, 의자나 테이블, 마이크의 배치계획, 교통비, 숙박 장소, 상품설명 파일, 필기구, 샘플, 사원의 역할, 초대장의 발송, 출결 확인, 회장의 간판 등 끊임없을 정도로 많은 검토사항이 있으므로 몇 개월 전부터 구체적인 안을 작성할 필요가 있다.

2○○○년 추계 상품설명회 기획서

2○○○년 추계 상품설명회의 건에 대하여 다음과 같이 개최하고자 하니 승인을 요청합니다.

1. 개최 취지

상품판매 거래처에 대한 이번 가을 발매의 신상품 설명회를 실시하고, 영업사원의 수주활동을 지원하기 위해 개최합니다.

2. 일시

　　　2○○○년 8월 7일(금)

　　　오후 1시~오후 5시

3. 장소

　　　제3호텔　　　　아오이실

4. 인원

　　　75개사　　　　83명

5. 경비

　　　250만 원

6. 기타

인원, 경비, 기타 상세한 내용에 대해서는 별지 첨부의 각 계획서, 명부, 내역 등 〈생략〉을 참고해 주십시오.

또한, 금번부터 상품설명회 완료 후, 거래처와의 사이를 보다 돈독히 하기 위해 제2부로서 간담회를 실시하고자 합니다.

이상

33	신제품 홍보 기획서

 기획의 목적

신제품을 세상에 발표할 때에는 여러 가지 방법을 취한다. 그중에서도 소비자 위주로, 게다가 장소를 염두에 두고 기획하였다. 여기서는 소비자에게 초점을 맞추어 직접 선전하는 효과를 노린다.

 체크포인트

- 목적이 확실한가.
- 또, 효과는 어느 정도 기대할 수 있는가.
- 그리고, 실현성을 검토한다.
- 계획의 내용은 계산되어 있는가 등도 본다.

신제품 비타Q의 홍보·선물 기획서

1. 기획의 개요
- 당사는 오는 2005년 5월 연휴 마지막 날에 건강증진음료수 비타Q를 신발매할 예정이다. 이에 따라, PR 기획이나 광고의 작성은 착착 진행되고 있으나 실물을 조금이라도 빨리 보고 시음하도록 제공하여 황금연휴 마지막 날에는 역 매점에서 구매할 수 있도록 역 출입구에서 샘플을 나누어준다.
- 지하철역은 비즈니스 거리라고 불리우는 회사원이 많은 지하철인 ①강남역, ②을지로역 ③종로역으로 정하고 샘플은 50cc들이 특별제품을 1500병 준비하여 각 장소에 500개를 배치하고 3명을 한 그룹으로 하여 활동한다.
- 이에 필요한 역 구내의 사용교섭, 구성원의 결정과 작업순서는 작성 중에 있다.
- 그 외 홍보에 필요한 사항을 준비한다.

2. 캠페인 장소, 일시
- 캠페인타이틀 : 신제품 비타Q의 역 구내 선전
- 장소 : 지하철역 출입구

  ①강남역 ②을지로역 ③종로역
- 일시 : 2○○○년 ○월 ○일

  아침 8시부터(배포 완료와 동시에 종료한다)

3. 구성원
- 총 3팀 15명(팀별 5명(남자 3명, 여자 2명)
- 개발부 : 3명,   마케팅부 : 4명
- 제1 영업부 : 4명,   제2 영업부 : 4명

4. 기대 효과

① 신제품을 노린 소비자, 통근시의 회사원에게 직접 어택한다.

② 이제까지의 판매실적으로 보아 실적이 좋은 상위 3곳을 선택한다.

③ 너무 이른 시간의 통근자보다도 9시 전후 정도의 회사원을 대상자로 한다.

이상

판매점 체인점화 제안서

 제안의 목적

현재 상태를 직시하여 "어떻게 하면 효과와 이익을 낼 수 있을까"에서부터 제안
이 나온다. 또한, 세상을 잘 관찰하여 효과를 올리고 있는 구조, 조직, 또는 계획을
발견하여 제안을 세운다.

체크포인트

제안의 이유, 목적은 무엇인가, 또 효과는 무엇인가에 주의한다. 하기에 그것을
달성하기 위한 방법, 수단을 명확히 한다.

판매점·체인점화·제안서

1. 제안의 목적

현재 당사 제품은 그 대부분이 완구도매점으로 넘어가 각 가게로 보내져 소매되고 있다.

그러나 최근 소매점 중에는 당사 제품만을 취급하여, 그 독자성을 살려 작은 가게로 특색 있는 판매 방법을 취하고 있는 곳을 볼 수 있다. 이는 기뻐할 만한 상황으로 당사 제품만으로 충분히 채산이 맞는다는 사실을 나타내고 있다.

그래서 당사 전문의 소매점을 육성하고, 또한 가게를 늘려 고객에게는 구매하기 쉬운 기회를 만들고, 가게에는 수수료를 많이 주어 쌍방의 이익을 크게 하려고 "가맹점 형식"의 설립을 제안하고자 한다.

당면은 당사전문점으로서, 상품을 도매 계약만으로 하여 경영 지도까지는 간섭하지 않는 것으로 하여 시작해야 한다.

2. 제안의 내용

당면한 상거래 방법으로서는 다음과 같이 한다.

① 전문점으로 계약한다.
② 신제품을 당사물류부를 통하여 도매한다.
③ 월 2회 재고 정리를 하여 송금 또는 자동이체 한다.
④ 기존제품은 주문제로하고 신제품은 한정수로 한다.
⑤ 지불은 30일 사이트로 한다.

장래에는 전문단말을 설치하여 판매데이터를 입력하고, 주문은 컴퓨터에서 자동적으로 수량을 내서 발송하는 형식을 취한다.

매출액을 컴퓨터에 입력하여 입금 또는 자동이체 형식을 취하여 사무의 합리화를 도모한다.

3. 추진체제

본 계획을 진행하기 위해서는 면밀한 계획이 필요하므로 시간이 걸린다. 또한, 전문 스태프를 두어 충분히 검토하고 시작해야 하다고 생각한다.

이상

35	파일롯 숍 출점 기획서

 기획의 목적

개발하는 신제품을 소비자에게 직접 PR하고, 그것과 정보수집을 겸한 파일롯 숍의 출점 기획서 제출한다. 조기 단계에서의 기획서이며, 기획서가 승인되면 상세 내용을 적은 정식 기획서를 후일 제출하게 된다.

 체크포인트

① 기획의 취지, 목적이 명확할 것. 기획의 취지, 목적 내용에 설득력이 있어 상층부의 마음을 움직일 수 있는 것일 것.
② 기획 전체를 일목요연하게 알 수 있도록 포인트가 되는 것이 간결, 치밀하게 정리되어 있을 것.

파이롯 숍(시범매장) 출점 기획서

1. 취지, 목적

금년 9월 발매예정의 허브홍차 신제품 「허브&하프」파이롯 숍을 출점하는 것에 의해 다음과 같은 효과를 노린다.

① 당 신제품을 중심으로 한 소비자에의 직접 PR 및 소문효과

② 제품에 관한 소비자로부터의 반응 등 정보수집

2. 기획 내용

① 점명　　　　　: 허브&하프

② 출점예정지 : 서울시 강남구 삼성동

③ 가게 면적　: 30평정도

④ 영업 개요　:「허브&하프」를 중심으로 한 홍차 외 음료제품의
　　　　　　　　대면판매 및 식음촉진을 겸한 카페 형식의 영업

3. 점포 이미지 디자인

점포의 디자인 컨셉은 「헬시&리플레시」. 화이트나 파스텔칼라 등을 기조로 한 건강함이 느껴지는 이미지로 한다. 대면판매코너는 품격 있는 상품 소구형, 카페 코너는 차분하고 느긋이 쉴 수 있는 휴식형 이미지로 한다.

4. 종업원

점장 외 4명. 필요에 따라 수시로 아르바이트로 보충.

5. 투자 자금

　　① 초년도　　　　　　　400,000,000

　　② 보증금　　　　　　　100,000,000

　　③ 월세　　　　　　　　 20,000,000

　　④ 공사비　　　　　　　200,000,000

⑤ 집기비품비   50,000,000

⑥ 기타   30,000,000

6. 매출예상액

① 초년도   100,000,000

② 물건판매   90,000,000

③ 카페   10,000,000

7. 비고

당 점포 출점예정지인 오모테산도 지역은 헬스케어 상품 등에 관심이 관심 있는 고감도 소비자가 많이 모이는 지역이다. 「허브&하프」라고 하는 새로운 컨셉을 가진 상품의 정보발신지로서 최적의 장소로 생각된다.

8. 첨부 자료

점포설계 이미지 투시도 (생략)

안건 자료(생략)

이상

36 사원소개 세일 캠페인 기획서

 기획의 목적

매출 확대는 담당 부문인 영업·판매부문이라고 하는 사고방식에서 탈피하여 「모든 사원의 세일맨화」라고 하는 관점에서 비영업부문을 포함한 회사 전체적인 세일 캠페인을 기획한다.

모든 사원이 하나가 되어 매출 증대에 기여하는 취지를 강화하여 캠페인에의 참가 의식 고양을 도모한다.

 체크포인트

① 기획 대상을 모든 사원 및 가족, 친척, 친구, 거래처를 포함시킨 내용으로 한다.
② 소개 물건 중 계약이 성립된 부분에 대해서는 보상하는 기획으로 한다.
③ 소개 건수의 목표치를 부문별로 설정하고, 계약이 성립된 부분과 함께 이 목표치를 달성한 부문도 보상 대상으로 하는 것이 좋다.

사원소개 세일 캠페인 기획서

2○○○년도의 혹독한 환경을 모든 사원이 하나가 되어 극복하기 위해「사원소개 세일 캠페인」을 하기와 같이 실시하고자 다음과 같이 기획합니다.

1. 목적

「모든 사원 세일맨」이라고 하는 사내 슬로건을 실천하기 위해 모든 사원이 하나되어 매출 증대에 참여하여 2○○○년도 매출목표를 달성한다.

2. 캠페인 기간

2○○○년 2월 15일~3월 31일

3. 대상자

모든 사원 및 사원의 친척·지인, 거래처와 그 종업원, 대상품목의 고객을 소개해 주시는 분을 대상으로 한다.

4. 대상 품목

   (1) ABC텔레폰 (유선기기부문)

   (2) ○○ 자동응답기 (상동)

   (3) ○○ 핸드폰 (무선기기부문)

   (4) ○○ 무선전화기 (상동)

5. 보상

소개 건수 목표치를 달성한 부문에는 별도로 정해진 보상금을 지급한다.

6. 소개건수 목표치

부문	인원	ABC텔레폰	○ ○ 자동응답기	○ ○ 핸드폰	○ ○ 무선전화기
총무부	10명	3건	5건	8건	4건
경리부	20	5	8	10	15
인사부	18	4	6	2	8
제조부			7		

7. 소개방법 및 신청, 문의처(사무국)

(1) 하기 소개용지에 기입 후, 사무국에 FAX로 신청한다.

(2) 신청장소·문의처(사무국) --- 국내영업본부 기획과

　　담당　홍길동 Tel (02) ×××-0066　FAX (02) ×××-0068

소개용지		
소개자 소속 :　　　　　성명 :　　　　　내선 :		

소 개 처	회사명 :	사업소명 :
	주 소 :	TEL :
	그 사무소의 종업원 수 :　　　　　　명	
	연락처　부서 :　　　　직급 :　　　　성명 :	

소개자와 소개받으신 분의 관계 :
통신란(소개상품명 등) :
기　타 :

| 37 | **여성 가전제품관리사 제도 제안서** |

 제안의 목적

　다음 사업기의 사업계획을 책정하는 데 있어서 사업계획추진사업국으로부터 경영에 대한 제언을 요청으로 다음 사업기의 중점과제로서 여성 가전제품관리사 도의 발족을 제안하게 되었다.

 체크포인트

　① 제안의 배경이나 취지·목적이 명확히 되어있는가?

　② 실시 내용이 조항이나 도표 등을 사용하여 이해하기 쉽게 설명되어 있는가?

　③ 실시할 경우의 시기나 시행에 따르는 비용 등이 포함되어 있는가?

　④ 추진 부문에 대해 고려되어 있는가?

여성 가전제품관리사 제도 제안서

제도의 목적

경기의 감속화가 진행되고 있는 중에서 내년도의 사업계획을 책정하는 것이지만 새로운 시책으로서 가전제품관리 체제강화를 위해 「여성 EB(가전제품)관리사 제도」의 도입을 제안하고자 한다.

당사 EB는 발매 이래 순조롭게 판매 대수가 늘고 있으나, 최종 사용자로부터의 기기 설치나 가전제품관리에 관한 문의가 대단히 증가하고 있다. 이후의 계획을 생각하면 영업맨에 의한 구매 시의 설명이나 교육만으로는 충분하다고는 할 수 없는 상황이다.

한편, 당사가 선행하고 있는 이 시장에 있어서도 경쟁사의 움직임도 활발하여 이후에는 당사 판매회사영업맨의 활동 효율도 한층 높여 갈 필요가 있다. 또 수요가에 대한 지원체제를 강화하고, 타사와의 차별화나 실가동률 증가를 한층 더 촉진하는 것이 필요하며, 그러기 위해 여성에 의한 가전제품관리사제도를 각 판매회사에 도입하는 것이 효과적이라고 생각한다.

아래에 그 개요를 보고하고 당 제도의 도입에 관한 이해를 요청합니다.

제도의 개요

1. 전임 요원

   각 판매회사에서 신규채용 또는 전속에 의해 전임요원을 확보할 것. 각 회사 1명 정도로 시작한다.

2. 교육과 훈련

   요원에게 대한 연수는 2000년3월 하순, 당사에서 실시한다.

   기간은 5일 정도로 한다. 이후 필요에 따라 실시한다.

3. 비용의 조성

   금기 내에 전임자로 등록된 「EB레이디」는 내년 1년간의 인건비의 반액정도의 비용조성을 한다.

4. 실시 규모

전국의 주요 판매회사 20개사를 대상으로 당면, 1개사 당 1명 정도를 선정한다. 20명×10만 원×12월=2400만 원(다음 기 사업계획 EB판매대수 4만대 금액 4억 원)

5. 주요업무 내용

① 사용자 대상 EB스쿨

② 대행점 영업사원에의 가전제품관리연수회

③ 사용자회 업무의 지원

④ 지역 전시회의 데모 스트레이션

⑤ 판매회사 EB영업맨에의 지원 업무 등

6. 연간 행사

매년 「EB레이디」 회의를 개최하고, 특히 시장요구 등 현장의 의견이나 정보 흡수에 도움되도록 한다. 연간 50만 원 정도의 예산이 필요하게 된다.

7. 기타

추진에 있어서는 창구 담당자를 정하여 행한다.

이상

38	이벤트 출전 기획서

 기획의 목적

이벤트의 참가 기획서는 포함되는 내용은 다양하다.

공연히 세부사항까지 기입한 기획서는 핵심적 부분 없이 오히려 전모를 이해하기 어렵게 할 우려가 있다. 그래서 본문과 첨부서류로 요령 좋게 나눌 필요가 있다.

 체크포인트

이벤트 참가 기획에서는 출전하는 개요, 효과, 경비 등을 일목요연하게 기획하여 제출하여야 기획서로서 빛을 발휘하게 된다.

1. 출전 개요
2. 출전 효과
3. 출전 경비

○○시 제20주년 이벤트 출전 기획서

3월 ○○시는 시제 20주년을 맞이한다. 이를 기념하여 20주년 축제를 기획하고 있다. 당사는 창업 이래로 ○○시에 소재하고 있고, 시 당국도 행사의 "중심"으로서 당사의 출전을 바라고 있다.

당사는 3년 후의 ○○박람회에의 참전을 예정하고 있어 이 20주년 축제에의 출전은 이러한 종류의 사업시행노하우 수집과 경험자 양성에도 도움이 된다고 생각된다.

당사의 탁월한 음향기술을 많은 관중의 눈앞에서 전개하는 것으로 기업 PR로서도 큰 성과를 기대할 수 있다.

1. 출전 개요

① 일시 : 전야제 ××년 3월 ××일(×) 오후 5:30~10:00
　　　　　　　우천 시 결행

② 장소 : ○○중학교 운동장

③ 내용 : 가설 대형 스테이지와 그 양쪽에 큰 멀티 스크린을 설치 운영하여, 빛과 음악과의 장대한 쇼를 연출한다.
(연출내용, 프로그램, 동시간표, 출연자안, 연출이미지도 등 별지 참조. 모두 생략)

④ 참가단체 및 협력단체 :
주최/○○시제 20주년 축제 실행 위원회
협찬/××주식회사(당사)
협력/××신문사, ××텔레비젼
　　　/○○상공회
　　　/○○주식회사
　　　/○○주식회사　등

⑤ 프로젝트팀 : 기획부를 중심으로 광보실, 기술부의 협력을 받아 담당 프로

젝트팀을 편성한다.

2. 기념식전 및 빛과 소리의 이벤트 안
별지 참조(생략)

3. 광고계획
주최자에 의한 축제개최의 정식 발표(기자회견) ×월 상순시 공보지에서의 PR×월
호부터 매호
- 실행 위원회에 의한 광고 : 신문광고, 포스터 등
- 당사 광고 : 통상 출고 광고의 일부 이용 및 특별 출고(상세내용 미정, 출전
  결정후, 선전부와 협의함)

4. 예상 경비
당사출전에 관한 부분은 다음과 같음.

전기공사 등 설비관련	––––––원
출연자 등 사례 관련	––––––원
쇼 등 출연 관련	––––––원
가설무대 등 설치운영관련	––––––원
각종 기기 등 사용 관련	––––––원
광고·광보 관련	––––––원
사무국 관리 관련	––––––원
합계	––––––원

(중, 당사 부담 –––––––원 내역 별지〈생략〉)

5. 인허가 관청 등과의 절충
상세 내용 별지(생략)

6. 관련행정기관
일람표 별지(생략)

이상

기획의 목적

  제과메이커의 발렌타인데이에 앞서 신제품의 전국판매 PR을 목적으로 한 기획
이다.

  이러한 종류의 기획은 예산 문제, 회장 선정, 출연자와의 계약 등이 이루어지지
않으면 실현될 수 없는 기획이기 때문에 1년 정도의 준비기간을 고려할 필요가 있
다.

 체크포인트

  이러한 종류의 기획은 예산과 함께 중요한 것이 실시 기간이다. 타이밍을 놓쳐
버리면 아무리 좋은 기획이라도 효과가 반감한다. 언제, 어디서 등 5W 1H는 정확
하게 기입하도록 한다. 출연예정자의 프로필 등도 자료로서 첨부하여 설득력 있도
록 한다.

×××발렌타인 콘서트 기획서

1. 기획명

주제 : ×××발렌타인 콘서트

주최 : 당사 ○○신용카드

후원 : ○○은행

2. 목적

신제품 「×××××」의 발매에 앞서 「주간○○○○○○」의 협찬을 받아, 화제 만들
기와 신제품의 좋은 이미지 확립을 위해.

3. 일시

2○○○년 ××월 ××일(토) 18:00~

4. 장소

서울 송파구 방이동 올림픽공원 내 올림픽 파크홀

5. 행사내용

○○○○&○○○○그룹에 의한 콘서트를 중심으로 텔런트 ○○○○의 쇼 & 콘
서트 회장 홀 로비에 신제품 「×××××」의 상품 전시, 종연 후 추첨회 등을 실시한
다.

6. 초대 방법

엽서에 필요사항을 기재한 후, 응모. 2000명에게 초대장을 발송한다(응모자가 많
을 경우에는 추첨).

7. 광고 방법

* 「주간○○○」지상에 3주간 고지광고를 개재 의뢰한다.

* 도내 1200점포에 포스터를 게시한다.

* 광고지를 작성하여 각 점포에서 상품판매 시 배포한다.
* 신제품의 신문 광고내에 고지문을 게재.

8. 비용

(총비용)　15720천원

(비용내역)

　　　① 출연료　　　　4120천원(무대·음향·조명비용 포함)

　　　② 회장비　　　　1600천원

　　　③ 간판장식비　　500천원(무대·현관·로비)

　　　④ 인쇄비　　　　1500천원(포스터 외)

　　　⑤ 광고비　　　　6000천원

　　　⑥ 잡비　　　　　500천원

　　　⑦ 예비비　　　　1500원원

9. 기타

첨부 자료(생략)

　* 콘서트 홀 팜플렛

　* ××광고사의 콘서트 기획안

　* 출연자의 프로필 및 사진

이상

출연계약서

○○카드 주식회사 대표이사 ○○○○(이하 "갑"이라고 한다)와 주식회사○○엔터테이먼트 대표이사 ○○○○(이하 "을"이라고 한다)은 다음과 같이 출연 계약을 체결한다.

(제1조) 출연자는 다음과 같이 한다.

　① 일시

　② 장소

　③ 출연회수

(제2조) 출연 일시, 장소, 횟수는 다음과 같이 한다.

(제3조) 출연 조건은 다음과 같이 한다.

　① 출연료 ×,×××,×××원

　　(출연료, 음향비용, 원천세 등을 포함)

　② 기타세부사항에 대해서는 "갑", "을"이 협의하여 결정한다.

(제4조) 출연료 및 그 외의 지불은 다음과 같이 한다(생략).

　① 출연료 지급일 :

　② 기타 지급일 :

(제5조) 본 계약의 이행이 인재, 기타 피하기 어려운 사유에 의해 불가능하게 되었을 때는 그 사후의 조치에 대해 갑·을이 성의를 가지고 협의하여 해결한다.

(제6조) 갑, 을 쌍방이 다른 쪽의 승인을 얻지 않고 계약을 위반한 경우에는 다음과 같이 한다.

　"갑"이 계약을 위반했을 때는 출연료와 동액을 을에게 지불한다.

　"을"이 계약을 위반했을 때는 출연료와 동액을 갑에게 지불한다.

(제7조) 본계약 외에서 문제가 발생한 때에는 갑, 을이 협의하여 선처한다.

(제8조) 본계약의 증거로서 본서를 2통 작성하고, 갑·을이 각 1통을 소지한다.

ㅇㅇㅇㅇ년 ㅇ월 ㅇㅇ일

(갑)   ㊞

(을)   ㊞

이상

전시회 출전 기획서

 기획의 목적

제20회 「국제레스토랑 페어」에 출품하여 신제품 정보, 홍보하는 것을 목적으로
하고 있다.

새로운 정보의 제공은 기업 경쟁 이기기 위한 필요조건이며, 상층부에 그 필요
성을 일깨운 예다.

 체크포인트

기획서는 제출하면 그것으로 끝나는 것이 아니다.

승인이나 양해를 얻어내는 데에는 기획서만으로 간단히 일이 진척되는 것이 아
니므로, 기획·입안한 것을 반드시 실현하기 위해서는 상사나 관련 부문에 구상을
설명하거나 의견을 듣고 사전 교섭을 하고 난 후 제안해야 한다.

국제레스토랑 페어 출전 기획서

1. 개요

２０００년 3월 10일(화)~14일(토)까지 동경국제견본시회장·하루미에서 전일본레스토랑협회, 전일본여관협회 주최의 「국제레스토랑페어」가 개최됩니다. 국제레스토랑페어 실행위원회로부터 당사에 출전 요청이 있었습니다.

2. 부스설치

회장의 주방기구관의 한쪽에 당사 부스를 설치하여 당사 제품을 전시하는 것입니다. 다만, 특히 이번 가을 발매가 예정된 신제품, 커피머신 「커피 보이」 시리즈의 정보 선전의 장으로서는 절호의 기회라고 생각합니다.

3. 소요비용

회장의 디스플레이 등에 소요되는 경비 및 소요 인원 등은 별지의 「국제레스토랑 페어 출전계획서(생략)」과 같습니다.

이 건에 대해 검토하시어 결재를 요청합니다.

이상

| 41 | **통신·전기설비기기 견본시장 출전 기획서** |

 기획의 목적

본 견본시장에 출전하는 목적·이유·효과를 구체적이고 간결하게 기재하고, 특히 경영 효과를 강조한다.

 체크포인트

① 회의자, 결재자의 의사 결정에 필요한 자료(견본시장의 출전 항목, 전회 결과 보고서 등)를 첨부한다.

② 경비를 동반하는 경우에는 경비예산의 지출항목, 지출상황을 반드시 기재한다.

③ 의견이 있으면 의견란에 가능한 한 구체적으로 기술하고, 반드시 서명한다.

④ 관련·협력부문이 있으면 사전에 그 부문에도 회의하여 부문장의 합의를 얻어 두는 것이 좋다.

제10회 통신·전설기기 견본시장 출전 기획서

1. 목적

통신·전설기기 등을 취급하는 상사·코스타 전기산업(주)가 주최하는 견본시장에 다음과 같은 요령으로 출전하고자 품의드립니다.

2. 개요

본 견본시장은 통신·전기설비기기, 기재 등을 취급하는 큰 규모의 상사 코스타 전기산업이 주최하는 견본시장(전시즉매회)입니다.

매회 북쪽으로는 홋카이도에서부터 남쪽으로는 오키나와까지 주요 전기자재점, 전기공사업자 등 관련자를 다수(입장 예상 1만2000명) 초대하여 회장에서 즉매와 예약판매회를 실시하여 다수의 성과(수주)를 올리고 있습니다.

당사는 이상통보 시스템, 세큐리티 텔레폰 등 세큐리티 기기의 신규 판매 채널로서 전기자재점, 전기공사업자 루트를 개척하는 것과 동시에 즉매(예약 판매)효과를 아울러 노리기 위해 코스타 전기산업(주)와 제휴(판매대리점으로서)로 출전 참가합니다.

3. 견본시장 개최 요항

(1) 명칭 - 제10회 통신·전설기기 견본시장

(2) 회기 - 2000년 5월 15일(월)~16(화) 오전 10시~오후 7시

(3) 회장 - 동경 빅사이트(유명·동경국제전시장)

(4) 주최 - 통신·전기설비기기 견본시장 실행위원회(코스타 전기 주식회사 내)

(5) 방문자 - 코스타 전기 산업(주) 관련 고객 : 전기자재점, 전기공사업자 등 1만 2000명(초대자)

(6) 출전자 - 통신·HA기기 등의 전기설비기기 메이커 약 200사

(7) 가이드북 - 개최 1개월 전에 초대자에게 배포 1만 3000부

4. 당사출전 개요(안)

   ⑴ 출전상품 - 이상통보장치　　○○1A형

                   세큐리티폰　　　○○05형

                   간이 HA 텔레폰　○○-3형

   ⑵ 출전부스 수 - 2부스(1부스=가로 2.7m×세로 1.8m×높이 2.7m)

   ⑶ 가이드 북　- 3 곳 (3페이지)

   ⑷ 설명자 - 선전부 1명, 영업부 3명, 접수 1명(여성 아르바이트)　합계 5명

5. 출전비용(예상비용)

   ⑴ 출전료(2부스)　　　　　　　　　　　　100만 원

   ⑵ 부스조형·설치 운영비　　　　　　　　　120만 원

   ⑶ 가이드북 게재료　　　　　　　　　　　　15만 원

   ⑷ 전기공사비 외 잡비　　　　　　　　　　　20만 원

              합계　　　　　　255만 원

6. 예산조치

   2○○○년도 상반기 선전부 전박비에서 지출

| 42 | 건축재료 전시회 출전 기획서 |

 기획의 목적

아래 사례기업의 거래처인 ○○(주)에서는 이번에 획기적인 세라믹스 신건축재료를 개발하였다. 이것은 뛰어난 의장성, 경량성, 생력화가 가능한 높은 시공성을 가지는 것으로 실로 시대의 요청에 응한 신제품이다. 판매 총 대리권의 취득을 전제로서 출전을 기획하고자 한다.

 체크포인트

건축재료로서의 포인트는 말할 필요도 없이 뛰어난 의장성과 최근의 인력부족에 대응 가능한 고능률 시공성이 있다. 본 출전에서는 이 점을 강조하기 위해 아사유 건축설계사무소의 아사유 선생님의 지도를 받아 어필 가능하도록 하고자 한다.

동경건축재료전의 세라믹스 신건축재료 출전 기획서

２０００년6월에 마쿠하리멧세에서 개최되는 동경건축재료전에 출전하고자 다음
과 같이 기획하였으므로, 심의해 주시길 요청합니다(또한, ○○(주)가 세라믹스
신건축재료를 개발한 것, 또 판매 총대리권의 취득을 전제로서 출전 하는 것에 대
해서는, 별지 설명하였으므로 생략).

1. 목적
내외장 건축재료로서의 천연돌의 수요는 계속 증가하나, 자원적으로는 점점 고갈
되고 있는 것이 현실이다.
세라믹스 신소재는 천연돌에 가까운 의장성을 가지고, 또 강도, 경량성, 높은 시
공성을 가지는 것으로 차기의 전략상품으로 육성하고자 한다.
또 새로운 것에 도전하는 당사의 이미지 상승에도 기여하고자 한다.

2. 전시회 장소
명칭 : 동경건축재료전
장소 : 마쿠하리멧세 국제전시장

3. 개최 시기
２０００년 6월 4일~8일

4. 참관자 예상인원
20만명

5. 출전 총비용
1500만 원(상세한 비용은 별지에 따른다.)

6. 전시방법

부스 면적 : 4부스

전시 방법 : 건물의 일부를 부스 내에 건축하고, 내외벽에 본 건재를 장착한다. 특히, 시공이 간단하고 게다가 안전성이 높다는 것을 알리기 위한 전시 방법을 생각한다. 편안한 느낌의 천연석조 같은 것이나 밝고 칼라풀 한 것이 폭넓게 선택할 수 있다는 점을 어필하기 위해 별면에 벽면전시를 행한다.

7. 영업전개

당면은 제1건재영업부와 연계를 취하면서 건재개발부에서 담당한다.

초년도판매목표 매출 10억 원   매출총이익 1억 원

2년도판매목표 매출 20억 원   매출총이익 2억 원

3년도 이후는 영업부로 이관한다.

최종적으로는 연간 매출 100억 원을 목표로 한다.

8. 첨부 자료(생략)

① 동경건축재료전 출전안내

② ○○(주) "세라믹스 신건축재료" 카탈로그 및 기술자료

③ 최근 국내에서의 내외장 건축재료의 생산과 판매조사 자료

④ 출전 비용명세서

이상

해외조사단 결성 기획서

 기획의 목적

① 특정 테마에 관심을 가지는 각 기업에 의한 해외의 사정조사.

② 제외국의 관련 기관과의 사이에 우호관계를 수립하고, 계속적인 정보 교환을 가능하게 한다.

③ 해외 시찰을 통해서 참가자의 시야 확대를 도모한다.

④ 해외조사단 참가자끼리의 친목을 깊이 하여 장래의 각 기업의 협력관계에 이바지하는 인재를 육성한다.

체크포인트

① 일정, 비용 등 참가희망자와의 사이에서 후일 트러블이 발생할 지도 모르는 점에 대해서는 기획서를 작성할 때까지 충분히 의견을 좁혀 둘 것.

② 참가자의 클래스에 따라 호텔방을 분배하고 비행기 클래스의 취급을 바꿀 수 있도록 해 둘 것.

③ 여행스케줄 안에 관광을 포함시킨 경우에도 표면상은 시찰로 표현해 두면 참가 희망자가 사내에서 서류를 올리기 쉽다.

④ 출발 전에 결단식을 거행하고, 사전설명을 행하는 동시에 참가자 상호간의 친목을 다져두는 것이 좋다.

⑤ 귀국 후에는 해단식을 행하고, 보고서 작성을 위한 회의를 행한다.

유럽의 연금제도 조사단파견 기획서

회원 여러분들에게 좋은 일만 가득하시길 진심으로 기원합니다. 평소에는 각별히 배려해 주시어 진심으로 감사합니다.

1. 개요

- 당 협회에서는 금년도 주요사업의 일환으로서, 별지1(생략)의 실시요령에 근거해 「유럽 각국의 연금제도에 관한 조사단」을 파견하기로 하였습니다.
- 그래서 참가를 희망하는 회원 기업은 별지2(생략)의 신청서에 필요한 사항을 기재한 후, 6월 12일까지 당 협회에 도착하도록 송부해 주십시오.
- 또한, 참가인원수에는 조사단의 편성 상 제한이 있으므로, 미리 알아두시길 요청합니다.

2. 일정

1. 일정 : 2000년 10월 10일~10월 25일(16일간)
2. 방문국 : 스웨덴, 덴마크, 독일, 영국, 프랑스
3. 참가비용 : 150만 원
4. 방문목적 : 유럽 각국의 연금제도 실태 조사

3. 기타

(1) 단장은 보건복지부 연금국 차장인 ○○ ○○씨
(2) 도항에 앞서 결단식을 개최, 석상반 편성 조사원의 역할분담 등의 결정을 합니다.
(3) 귀국 후의 해단식에서는 조사 결과를 이후의 회원 각 사에 피드백하기 위한 보고서 작성 회의와 친목회를 개최합니다.

이상

44	점포관리 시스템 제안서

 제안의 목적

새롭게 건설을 진행하고 있는 지역 쇼핑센터로부터 점포관리시스템에 대한 문의가 있었다. 또, 임원회에서 제안 시스템 설명의 기회도 얻게 되어 급히 제안서로 정리하게 된 것이다.

 체크포인트

① 제안의 취지가 간결하고 이해하기 쉽게 작성되어져 있는가?
② 제안 시스템 도입의 효과나 상대편의 관계자에게 주는 이득이 납득하기 쉬운 문장으로 씌어져 있는가?
③ 도표나 사진 등을 이용하여 이해하기 쉽게 정리되어 있는가?
④ 자료의 첨부나 필요한 것이 준비되었는가?

점포관리 시스템 제안서

1. 인사

이번에 ○○쇼핑센터의 건설에 즈음하여 관리 시스템 제안의 기회를 주시어 깊이 감사드립니다.

뜻을 함께하여 새로운 형태로 시작하는 것에 대해 진심으로 그 성공과 발전을 기원합니다.

점포의 운영관리를 합리적으로 행하는 것은 이번의 계획을 성공시키는데 극히 중요하다고 알고 있습니다.

우리 회사는 쇼핑센터를 비롯해 폭넓은 점포관리시스템을 다루어 왔습니다만, 여기에서 제안하고자 하는 시스템은 귀 ○○쇼핑센터에 출점 하시는 각 경영자를 비롯해 가게에서 일하시는 분이나 방문하시는 고객도 기뻐할 것으로 확신하고 있습니다.

반드시 검토해 주시길 부탁드리며 성공을 위한 도구로써 채택하여 주시길 요청합니다.

2. 제안 시스템의 사고방식

이번에 제안하는 시스템은 모든 점포의 레지스터가 사무소의 컴퓨터와 연결되어 있습니다. 그러므로 사무소의 컴퓨터의 버튼을 누르면 각각의 가게의 매출을 언제든지 수시로 호출할 수 있습니다. 또한, 호출된 데이터에 근거하여 필요한 리포트가 출력되며, 이 시스템은 어려운 가전제품관리를 하지 않아도 되도록 치밀하게 정리되어 있습니다.

그 개념도를 나타내면 [도1](생략)과 같습니다.

3. 시스템 기기의 개요

컴퓨터와 접속되는 시스템 레지스터의 쉬운 사용법과 높은 신뢰성을 실현한 것으로 출점처의 여러분에게 충분히 만족을 드릴 수 있다고 확신하고 있습니다. 또한,

각 가게의 관리자분들이 필요할 때에 매출 정보를 프린트하는 것도 가능합니다. 사무소에서 사용하실 컴퓨터는 사무소 책상 위에 두고 사용하실 수 있으며, 매일매일의 매출데이터를 처리하는 것은 물론, 운영관리에 필요한 가게세 계산이나 공익비용 계산 등 각종 업무를 처리하는데 필요한 리포트나 장표를 발행합니다. 출력 장표의 일람은 [도2](생략)와 같습니다.

4. 마지막으로

제안하는 관리 시스템의 개요를 간단히 설명해 드렸습니다만, 이것을 좀 더 자세하게 소개 해 드리기 위해 하기와 같은 자료를 첨부(생략)하였으미 참고해 주시길 요청합니다.

마지막으로 진심으로 만족하실 수 있도록 앞으로도 노력하고 발전에 도움이 되고자 합니다.

이상

| 45 | **전국여성 가전제품관리사회의 개최 기획서** |

 기획의 목적

자사 제품을 취급하는 판매회사의 여성 가전제품관리사 체제를 유지·강화하기 위해서 정보 교환의 장을 만든다. 현장에서 의견이나 요청을 수렴하여 제품개발부문에 피드백할 수 있도록 하기 위한 회의를 기획·개최한다.

 체크포인트

① 기안 부문 내에서 사전에 이견 조율을 충분히 하였는가?
② 출석을 원하는 관계자가 참가하기 어려운 스케줄이 되어있지 않은가?
③ 실시목적이나 내용이 이해하기 쉽고 명확하게 되어있는가?
④ 실시를 저해하는 요인의 유무 검토를 하였는가?
⑤ 기획의 내용이나 조건을 도출한 이유를 설명할 수 있는가?

제1회 전국여성 가전제품관리사회의 개최 기획서

1. 개최 개요
당사 EB취급처의 여성 가전제품관리사 회의를 개최하여 이후의 실수요 촉진과 체제 강화에 도움이 되도록 한다.

2. 개최 일자
2000년 2월 6일(목)~7일(금)

3. 개최장소
서울 강남구 코엑스 전시장 C홀

4. 참가인원
전국 EB 취급처 대표 25개사의 가전제품관리사 및 당사영업본부·지점대표자 9명. 합계 34명

5. 집합
2000년 2월 6일(목) 13시 코엑스 전시장 C홀

6. 프로그램 순서

① 개최 인사	○○○영업본부장	20분
② 기념 강연	△△(주)유이사장	1시간
③ 참석자소개	사회 : ○○○ 과장	45분
④ 신제품 소개	설명 : ○○○ 과장	1시간
⑤ PR용 비디오 시사	담당 : ○○○ 주임	35분
⑥ 석식 친목회	진행 : ○○○ 계장	2시간
⑦ 조식회	안내 : ○○○ 사원	1시간
⑧ 사례발표 1	취급처 대표	20분
2	취급처 대표	20분

⑨ 의견교환	참가자 전원	2시간
⑩ 질의응답	진행 : ○○○ 과장	30분
⑪ 폐회 인사	○○○ 총괄부장	15분

⑫ 중식 후 해산 (코엑스호텔에서 중식 후 해산, 14시 예정)

7. 준비물

회장 내 표시 간판, 식순서, 탁상명찰, 가슴명찰, 마이크 3대, 비디오 영사기기, 칠판, 마술, 참가자 명부, 진행 시나리오, 배포 자료, 필기 용구, 좌석표, 방배분표, 전시 상품, 참가기념품

8. 회식장

① 6일 석식 친목회	7층 코엑스호텔 레스토랑
② 7일 조식회	1층 코엑스호텔 레스토랑
③ 8일 중식회	1층 코엑스호텔 레스토랑

9. 예산

예산총액	75만 원		
내역 : 석식 친목회	25만 원	조식식비	12만 원
숙박비용	25만 원	회장비용	3만 원
기념품값	7만 원	잡비	3만 원

10. 첨부 자료

① 안내장 샘플·안내장 송부처 일람표

② 참석예정자 리스트

③ 전시 상품 1일람표·전시 판넬 내용

④ 데모 프로그램 설명서

⑤ 역할담당 일람표

⑥ 석식친목회 프로그램

⑦ 사례발표 예정처와 그 내용

11. 총괄책임자

총괄책임자 : 영업부 ○○○ 부장

운영사무국 : 판매촉진과 추진계(담당 : 홍길동)

또한, 가까운 시일 안에 검토회 개최의 안내를 합니다.

이상

전국판매회사 가전제품관리사회의 비용기획서

 기획의 목적

전국판매회사 가전제품관리 지도원 회의 개최비용 실시에 있어 지출 발생이 예정된 것을 사전에 내용을 정리하여 제출한다.

 체크포인트

① 실시의 취지나 목적이 이해하기 쉽게 정리되어 있는가?

② 비용 지출에 대해 효과를 기대할 수 있는 내용으로 되어있는가?

③ 실시 시기나 내용이 명확하게 되어있는가?

④ 결제원의 금액이 예산초과가 되는 일은 없는가?

⑤ 지급절차 등 처리방법이 포함되어 있는가?

⑥ 관계부문과 협의·조정이 이루어져 잇는가?

⑦ 첨부 자료가 필요한 경우에는 본문에 명기해 둔다.

전국판매회사 가전제품관리사회의 비용기획서

1. 취지

전국을 대표하는 당사 판매회사의 가전제품관리사가 한곳에 집합하여 신제품의 소개, 사례발표와 의견교환의 장을 만들어 이후의 판매 확대에 도움이 되도록 한다.

2. 시기·장소

- 시기 : ２０００년 2월 6일(목)~7일(금)
- 장소 : 서울·강남구

3. 참가인원

전국 판매회사 가전제품관리사 대표 25명 및 당사 영업본부·지점 9명, 합계 34명

4. 비용·내역

- 비용 : 총액   75만 원
- 내역 : 숙박비   25만 원
- 지불처

회장비	3만 원	상동
석식회 비용	25만 원	상동
조식비	4만 원	상동
중식회비용	8만 원	상동
잡비	3만 원	차 외
기념품비	7만 원	2800/1명

- 지불 : 청구서에 따라 2월에 지불한다.
  기타 비용은 현금으로 지불한다.

5. 첨부

① 제1회 전국판매회사 가전제품관리사 개최 기획서(생략)

② 야마모토타카도노 견적서 1통(생략)

이상

임원결재	부문책임자결재	회의자 의견

제 6 장
생산·개발업무 관련
기획서·제안서

47. 신제품개발기획서 1
48. 신제품개발기획서 2
49. 기술위원회제도 신설 기획서
50. 생산합리화계획 제안서
51. 제품종합평가실시 기획서
52. 신제품 시장진출 프로젝트팀설치 기획서
53. 생산설비구매 기획서
54. 기계설비 증설 기획서
55. 생산성혁신연구회 설치 기획서
56. 조사연구위원회 설립 기획서
57. 특허관리 온라인 구축 기획서
58. 업무개선제안 제도개선 제안서
59. 업무개선 제안서
60. 소집단 활동 활성화 제안서
61. QC 추진상황 사장진단실시 기획서

47	신제품개발기획서 1

 기획의 목적

　고객으로부터 아래와 같이 문의가 있었으므로 영업과 설계부문에서 검토한 결과 신제품으로 개발해서 범용시장에 참가하는 안을 내게 되었다. 그러기 위해 개발 기획서를 작성하고 후일 다시 개발기획 회의에서 상의한다.

 체크포인트

　① 제품 개발은 메이커인 기업의 성공 여부를 좌우하는 것이므로 충분히 검토한 결과를 적는 것이 필요하다.
　② 이러한 기획서는 단지 제출하는 것으로 끝나지 않고 기획 회의에서 의논이나 개발결재서 등에 견디어낼 수 있도록 해 두는 것이 중요하다.

신제품개발기획서 1

개발 프로젝트명 : FX2 수·발주 단말기

1. 개발의 목적

FX1에 DOS를 탑재하는 것으로 컴퓨터로 동작하고 있는 어플리케이션 프로그램의 이식성을 높여 범용단말로서의 보급을 도모한다.

2. 개발 내용

① DOS 팁(tip)을 탑재하는 ② V.22 모뎀(modem)을 한다.

3. 시장 동향

(1) 시장규모

① 업계 대리점 총수   6만 7000점포

② 구매예상 대리점 수   3만 9055점포

③ 이번 문의 대수   1만 대

(2) 이후의 예측

① 종래의 대리점 시스템은 독립형이었다. 그러나 네트워크의 업계표준이 완성되어 각 회사가 동시에 온라인화의 검토를 시작하였다.

② 각 회사는 컴퓨터형이나 간이형으로 당사제품과 같은 액정 터치패널형은 없다.

4. 고객 동향

(1) 고객 수요

문의 회답 시간의 단축, 전화 문의의 생력화, 거래처 데이터 보존 관리 집중화 등의 수요가 높아지고 있다.

(2) 당사의 대응

① 인프라가 정비된 시점을 노려 신제품을 투입한다.

② FX1의 하드웨어를 그대로 이용하여 사업 부담을 최소한으로 한다.

5. 상품·기술동향

(1) 상품동향 : 온라인형으로서 ① 컴퓨터형 ② 간이형

(2) 기술동향 : IC카드에의 다운로드에 의한 서비스 메뉴 추가, 리모트 멘테넌스의 움직임

6. 경쟁 각 사제품과의 비교(첨부 자료1〈생략〉)

7. 당사의 목표

(1) 품질·성능면 : 당면, 하드웨어는 FX 1을 이용하여 범용-DOS의 탑재로 참가한다. 업계, 타사 동향을 주시하면서 IC카드 첨부의 본격적 상품기획을 행하고 제2단계 상품을 발행한다. 이것으로 업계에서의 지위를 확보한다.

(2) 가격·판매면 : 목표가격 12만 원, 범용-DOS를 탑재하여 외부에서의 소프트 개발부하를 경감하고 용도확대와 수평전개를 가능하게 한다.

8. 개발과제·일정·비용·분담표(첨부 자료2〈생략〉)

9. 관리 기본 항목

① 생산시작 : 2000년 9월

② 발매기간 : 4월 하순~6월 하순

③ 기획 대수 : 20천대

④ 목표가격 : 120천원/대

⑤ 총 판매액 : 24억 원

⑥ 이익목표 : 10%

10. 첨부 자료

외관도, 각 사 비교표, 개발 분담표, 원가계산서(생략)

이상

| 48 | 신제품개발기획서 2 |

 기획의 목적

신제품 개발 경쟁이 격화하고, 또한 발매한 신제품 사이클이 점점 단기화하는 경향이 현저히 나타나고 있다.

이러한 상황에서는 세밀한 기획서를 작성하는 것보다도 오히려 조기에 대략적인 개발 방향성에 대해 상층부의 양해를 얻는 것이 중요하다.

그리고 개발의 진행에 따라 차례차례 진척상황을 보고하면서 개발 결정을 할 수 있도록 한다. 그러한 의미로 이러한 최초의 개발전략기획서에 대한 개요와 핵심이 중요하다.

 체크포인트

① 기획의 목적이 확실할 것 ─ 무엇을 위한 기획인가를 일목요연하게 알 수 있도록 한다. 기획서의 골자는 여기에 있다.
② 상품 컨셉이 확실할 것 ─ 상품 컨셉이 애매하거나 납득성의 없는 것이라면, 당연히 기획서가 통과할 일은 없다.

신제품 개발 기획서 2

1. 상품명
노래방용 청량음료수
상품명(안) : 「싱·싱·싱」

2. 개발의 목적
거품경제의 붕괴와 함께 노래방 출점이 계속되고 있어 작년에는 전국에서 약 8000점의 시장규모가 있다고 추정되고 있다. 그래서 이후 계속된 신장이 예상되는 동 시장의 수요를 획득하기 위해 노래방전용 음료를 개발하고자 한다.

3. 상품 컨셉
목을 부드럽게 하는 카린엑기스가 들어간 가라오케시 전용 드링크(맛은 산뜻하고 상큼함)

4. 상품규모
350㎖병 소매가격 110원   24병/케이스

5. 발매 시기
2000년 7월 상순

6. 판매수량 전망
동시 500천 케이스,   연간 1000천 케이스

7. 판매금액 전망
연간 2000백만 원

8. 판매지역
전국

9. 비고

당사제품은 표적시장을 노래방으로 하고 있으나 이는 「목에 부드러울 것 같다」라고 하는 상품 이미지를 소비자에게 뚜렷이 전달하기 위한 수단이다.

급성장하고 있는 노래방 시장이지만, 당연히 그 시장규모는 아직 작다. 그러나 젊은이가 주 고객인 동 시장에서 인기를 얻고 화제를 얻을 수 있다면, 편의점이나 자동판매기 등 당사가 주거래 하는 판로에서의 판매 확대도 충분히 기대할 수 있다.

〈별첨 자료〉(생략)

노래방 시장조사서   1부

주간 트렌디 「노래방특집」   1부

이상

49	기술위원회제도 신설 기획서

 기획의 목적

최근의 기술혁신은 놀라운 속도로 진전되고 있으며, 그 안에서 자사의 우위성을 어떻게 유지해 갈지가 중요한 경영과제가 되고 있다.

특히 개개의 기술 분야에서 향상뿐만 아니라, 그것들의 융합 효과를 발휘한 종합력의 향상이 앞으로의 경쟁력의 결정적 수단이 된다. 이러한 목적으로 사내의 각 기술 분야를 통합한 네트워크를 형성하고자 하는 기획이다.

 체크포인트

① 많은 분야 전문가의 합의를 얻을 필요가 있으므로 타사의 상황 등 참고정보를 수집·준비해 둘 것.
② PDCA(계획-실시-체크-액션)의 활동 사이클을 굴리는 관점에서 운영의 구조, 방법을 명확히 할 것. 특히 사무국기능, 예산 면의 뒷받침이 중요하다.

종합기술위원회제도 신설 기획서

최근의 기술 동향에 대응하기 위해서 위원회 신설의 기획을 정리하였으므로, 경영 회의에서 심의해 주시길 요청합니다.

한편, 당면은 위원회방식의 운영으로 하지만 실시상황을 끝까지 확인한 후, 장래에는 직제에의 변경이 검토과제가 될 것으로 생각하고 있다는 것을 덧붙여 말씀드립니다.

1. 검토경위

최근의 기술동향을 근거로 하여 당사의 상황을 보면 현재의 주력제품에 관련된 개발, 제품화 기술은 확보되어 있지만, 그 주변 혹은 새로운 분야에 대해서는 약체로 판단된다. 이 대응책으로서 개발부를 강화 독립시키는 안도 있으나 각 기술분야에 관련한 것 및 우선 사내의 협력체제 강화, 융합 효과의 인출을 현 조직 안에서 실행하고 그 결과를 바탕으로 새로운 조직을 검토해야 한다는 판단으로부터 위원회방식으로서 기획을 정리하였다.

2. 목적

사내 기술력의 통합 때문에 새 기술 분야 및 고도의 과제에의 대응력을 강화하고 종합기술력의 향상을 도모하는 것을 목적으로 한다.

3. 적용 범위

연구개발부, 설계부, 제조부, 품질보증부가 소장하는 기술을 대상으로 한다.

4. 체제

(1) 위원회

종합기술위원회(이하, 위원회라 한다)를 설치한다. 위원장은 기술담당 상무로 한다.

소장사항·신기술에 대한 기본방침 심의

- 여러 부서가 협력하여 추진해야 할 기술과제의 추출, 심의
- 종합기술력 향상에 관련된 계몽

　위원회 위원은 3항의 각 부로부터 1명씩 임명한다.

(2) 사무국

위원회에 전임사무국을 둔다.

소장사항·위원회 의제에 관한 조사, 준비

- 위원회 예산의 적산, 신청, 관리
- 프로젝트팀의 지원

(3) 프로젝트팀

위원회는 필요에 따라 프로젝트팀을 운영한다.

5. 운영

(1) 위원장은 위원회를 주재하고 경영 회의에의 부의 사항을 결정한다.
(2) 사무국은 위원회의 활동 결과 및 기술 동향의 사내에의 계몽에 필요한 행사 등을 주재한다.

이상

50	생산합리화계획 제안서

 제안의 목적

생산 합리화 계획의 내용은 제품·설비·요원 등의 개별계획으로 집약된다.

이것을 생산 수행의 장으로서의 공장이라고 하는 계획단위로 파악하면 5M(요원·제품·설비·자금·방법)을 종합한 계획이 된다.

경영 목표를 구체화하기 위한 합리화 계획은 사업전략을 근거로 중점강화하고, 그러기 위한 효과적인 시책을 구체적으로 정리하는 것이 포인트이다.

 체크포인트

우선 이 합리화 계획의 필요성을 이해시키지 않으면 안 된다. 그러기 위해 자사의 현재 상태나 타사의 동향을 가능한 한 현장에서의 실상을 파악할 수 있도록 수치를 올려 어필한다.

생산합리화계획 제안서

A제품의 비용인하를 도모하기 위해 생산 부문의 효율화를 다음과 같은 요령으로
실행하고자 하오니 검토해 주십시오.

1. 시장 동향

ⓐ 시장점유율 1위의 M사는 다품종 소량생산체제확립에 노력하고 있다는 정보
를 입수하였다.

ⓑ 당사제품은 품질·성능 면에서는 약간 뒤떨어지나 비용인하를 더욱 진척시키
면, 시장점유율 확대는 가능할 것으로 생각한다.

2. 종합목표

① 납기단축

② 비용인하

3. 실적평가와 계획의 사고방식

① 지금까지 자동화 시스템 및 POP시스템의 도입에 따라 제조 공정의 합리화
가 비약적으로 진행되어 상당한 비용 및 시간의 절약도 이루어지고 있다.

② 한편, 비용에서 차지하는 인건비의 비율은 매년 증가하고 있는 것으로부터
제조 공정뿐만 아니라, 스텝 부문을 포함한 공장 전체로서의 종합적인 시점
으로부터의 합리화에 노력하여야 한다.

③ 이번 계획은 다품종 소량생산하에서의 납기단축을 달성하기 위해서 다음 시
책을 중점적으로 추진한다.

  a. 사출 성형기의 가동 관리 시스템을 도입

  b. 생산 진척 관리 컴퓨터를 도입

  c. 제조 공정의 재검토에 의한 공정집약, 재편성하여 공장으로서의 관리 업
무를 큰 폭으로 간소화한다.

이상

51	제품종합평가 시행 기획서

 기획의 목적

고객의 만족도가 제품경쟁력의 척도가 되는 시대가 되었다. 시장에 있어서 자사 제품의 입장은 경쟁상대와의 비교에서 어떤가를 항상 파악하여 경영 시책에 피드 백하는 것이 불가결하다. 그러기 위해 상대적인 평가기준을 설정하여 평가를 실시 하고 개선점을 추출해서 실행계획에 결부시켜 가는 것을 목적으로 회사 전체적인 활동 전개를 의도한 기획이다.

 체크포인트

① 제품력을 종합적인 관점에서 파악하는 기준이 명확하게 되어 있을 것, 계수 적 파악이 바람직하다.
② 회사 전체적인 활동으로서 진행시켜 가는 구조(시스템)체제가 명확하게 되어 있을 것.
③ 검토하는 관계자에게 참고가 되는 사례를 준비해 둘 것.

제품경쟁력 강화를 위한 제품의 종합평가 실시 기획서

제품경쟁력 강화를 위한 제품의 종합평가 실시 건에 대하여 다음과 같이 기획하여 경영회의에 심의를 요청합니다.

1. 목적
당사 전 제품의 업계에서의 경쟁력의 상대적 평가를 하고 파악된 개선점을 개선 실행계획으로 전개하여 제품경쟁력 강화를 도모한다.

2. 실시기간과 출력
２０００년 4월부터 6월간. 10월의 정례 경영회의에 제품평가표와 그것에 근거한 개선 실행 계획서를 제출한다.

3. 실시요령
　(1) 체제 : 사업본부장은 제품별로 실시책임자를 임명한다.
　　　각 사업본부의 실시결과를 회사 전체를 총괄하는 사무국은 기획부로 한다.
　(2) 실시순서 (표 1)

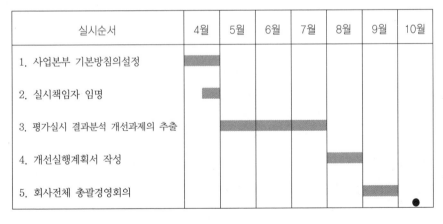

실시순서	4월	5월	6월	7월	8월	9월	10월
1. 사업본부 기본방침의설정	■						
2. 실시책임자 임명	■						
3. 평가실시 결과분석 개선과제의 추출		■	■	■			
4. 개선실행계획서 작성					■		
5. 회사전체 총괄경영회의						■	●

(3) 평가실시법

제품평가는 다각적 관점에서 타사 경쟁제품과 비교하여 차이를 분석하고, 차이를 해소하기 위한 과제를 추출하는 것이 가장 중요한 핵심이다. 각 제품에 공통하는 평가항목(표 2)을 참고하여 가능한 한 정량적으로 파악할 것.

제품경쟁력 평가항목 (표 2)

평가대상	평가항목 예
1. 영업력	고객 수요 파악력, 영업활동력
2. 개발력	고객 수요 즉응력, 선행개발력
3. 제품력	성능·기능, 운전가전제품관리성, 보수점검성, 안전성, 신뢰성
4. 제조력	공작기술력, 설비력, 납기확보
5. 가격	제조비용, 마진
6. 서비스력	서비스 즉응력, 서비스 능력

이상

| 52 | **신제품 시장투입의 프로젝트팀설치 기획서** |

기획의 목적

최근의 경영환경변화는 다양화, 고도화가 현저하고 문제에의 신속한 대응이 요구되기 때문에 동태조직의 필요성이 높아지고 있다. 프로젝트팀은 경영과제의 신속한 해결을 위한 유력한 방책으로 기간 한정, 다른 기능부문으로부터 선택된 풀타임 멤버에 의해 문제 진단·개선책 입안을 기동적으로 진행시키는 점에 특색이 있다. 이 사례는 신제품의 시장투입을 위한 조사를 하는 기획이다.

체크포인트

① 기획서에는 5W 1H가 포함되어 있을 것. 특히 팀원을 제공하는 관련 부서의 관리자가 이해·납득하기 쉬운 설명으로 되어있는 것이 필수요건이다.
② 별도 팀원의 구비요건을 정리하여 적임자 선정을 진행시킬 필요가 있다.

신제품 시장투입에 관한 프로젝트팀설치 기획서

지난번 제품기획 회의에서 차기 신기종으로서 시장투입이 결정된 「WA-302」에 관한 상세한 시장조사를 실시하기 위한 프로젝트팀을 다음과 같이 설치, 운영하고자 합니다.

1. 명칭

WA-301-T/F

2. 목적

 (1) 신기종에 대한 시장조사 및 판매, 수익성 예측

 (2) 개발·판매전략의 입안, 답신

3. 멤버

 종합기획실(리더), 영업부, 설계부에서 각 1명. 사외에서 우치다상사(1명)가 참가.

4. 활동기간

 2000년 7월부터 5개월간 답신서를 12월 경영회의에 제출.

5. 운영요령

 (1) 운영의 세부는 영업표준 01-13 「비정상 조직운영 요령」에 의한다.

 (2) 활동기간 중 A201회의실을 사용한다.

6. 참고

 본 프로젝트팀의 활동계획 개요

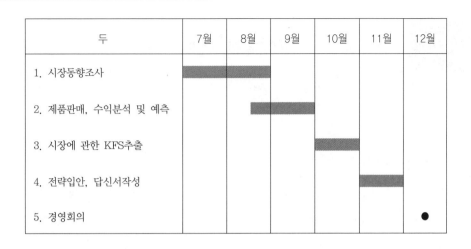

두	7월	8월	9월	10월	11월	12월
1. 시장동향조사	▬	▬				
2. 제품판매, 수익분석 및 예측		▬				
3. 시장에 관한 KFS추출				▬		
4. 전략입안, 답신서작성					▬	
5. 경영회의						●

7. 기타

팀원의 선임에 대해서는 인사부에 의뢰하지만, 본건은 조속한 추진이 필요하기에 관계부서는 사전에 후보자를 검토해 주시길 요청합니다.

이상

53	생산설비 구매 기획서

 기획의 목적

생산설비의 구매도 노후 기계를 최신식 기계로 바꾸어 생산성 향상을 도모하는 것이 목적인지, 아니면 불량 생산율의 감소를 도모하는 것이 목적인지, 혹은 수요 증가에 따른 증설이 목적인지, 여러 가지 사례가 있다.

어느 것이든 어떠한 이익을 얻을 수 있는가, 혹은 필요성이 있는가를 구체적으로 제시하여 경영자의 결재를 얻는 것이 목적이다.

 체크포인트

꼭 필요한 경우에 작성되는 것이 기획서이므로 반드시 결재를 받을 수 있도록 작성할 필요가 있다.

그러기 위해서는 경영진이 판단하기 쉽도록 그래프나 표 등을 이용하여 구체적인 숫자로 나타내는 것이 효과적이다.

최신식 고속분체충전기 구매 기획서

표기의 건에 대해 다음과 같은 이유에 의해 11월 말까지 구매 설치하고자 하오니
결재 요청합니다.

1. 구매기종

도시바기계제 A2-Ⅱ형 고속 분체 자동 충전기

2. 구매대수

5대

3. 구매예산

1억 7500만 원

4. 구매처

제일자동기계 주식회사

5. 구매이유

(1) 현재 가동 중의 충전기 15대 중 7대를 상기 기종 5대로 바뀌면 하기와 같은
이득이 생긴다.

① 가동 필요한 기계대수는 13대가 되어 작업 인원 2명이 타부서로 이동할
수 있게 된다.

② 현재 시행 되는 잔업, 휴일 출근에 의한 제 경비가 절약할 수 있다.

③ ①, ②의 결과에 따라 상기 투입예산은 약 1년 반으로 회수할 수 있다.
· (상세한 내용은 별지 계산서 참조〈생략〉)

(2) 현재 사용 중의 기계 1대의 생산능력은 매분 35포대이며, 영업의 요구량을
충족시키기 위해서는 매분 40포대의 생산이 필요하다. 그러나 매분 40회전
으로 속도를 올리면 충전 시에 흩날린 분말이 스티커부로 말려 들어가는
비율이 높아져 불량품이 많이 발생하여 오히려 생산량이 감소하게 된다. 그

때문에 매일 잔업이나 휴일 가동으로 충당하고 있는 것이 현재 상태이다.

(3) 이번에 구매를 희망하는 자동 충전기는 충전 시의 분말비산이 극히 적고, 매분 65포대의 생산이 가능하다.

이상

<table>
<tr><td>54</td><td>기계설비 증설 기획서</td></tr>
</table>

 기획의 목적

기계설비의 증설에 관한 기획서로 설비증설에 관한 타당성 분석과 설비증설 기간 및 효과를 분석한 기획 내용이다.

설비증설이 필요한 이유

설비증설의 내용

설비증설 구매비용

설비투자 효과

설비증설 예정 완공일

설비발주 예정기업

 체크포인트

증설이 필요한 이유를 명확히 하는 것이 중요하다.

알루마이트처리 설비증설 기획서

알루마이트처리 설비증설 건에 대해 설비증설의 타당성과 분석내용을 기초로 설비증설기획서를 제출합니다.

1. 설비의 내용

    (1) 알루마이트 처리설비　　　　　　　능력 : 18만개/월

    (2) 부대설비 : 원료의 투입, 반출, 저장분 교환 자동설비

    (3) 대폭적인 증설로 현재의 2시프트 2명으로 운전 가능한 설비로 한다.

2. 설비투자 금액

    1억 원

3. 설비투자 이유

먼저 시장에 투입한 신제품 3A형의 생산증가로 인하여 현재 가지고 있는 설비 이외에 1라인의 증설이 더 필요하다.

처리능력의 비교

	현재	계획
처리능력	16만개 / 월	34만개 / 월
운전인원	2시프트 2명	2시프트 2명

4. 설비투자 효과

월 2천 5백만 원의 매출증가가 전망되고, 투자액은 3년 안에 회수할 수 있다.

5. 설비증설 완공 예정일

2〇〇〇년 〇〇월 가동예정

6. 설비발주 예정기업

본사 : (주)ㅁㅁ제작소

부대설비 : △△기공(주)

이상

55	생산성혁신연구회 설치 기획서

 기획의 목적

  기업에 있어서 생산성의 향상은 영원한 과제라고 해도 좋을 테마이다. 생산성 향상의 서적이나 세미나는 많고 그것들은 사고방식이나 방법을 가르쳐 주지만 정말 그것이 성과로 연결되기 위해서는 자사의 현장에서 실제로 시행착오 통해서 실현하는 것 이외에는 방법이 없다. 이 기획은 그러한 관점에 서서 계획된 것이다.

 체크포인트

  이 연구회가 단순한 공부회가 아닌 실제 생산현장에서의 구체적인 개선 테마에 도전하는 실천적인 연구의 장이라는 것을 알릴 필요가 있다. 일반적으로 이러한 연구회에서는 give & take를 강조하고 있음에도 불구하고, take전문의 참가자가 많아지는 경향이 있으므로 주의를 요한다.

생산성혁신연구회 기획서

1. 연구회의 목적

제조업에 있어서 생산성의 향상은 영원한 테마이다. 고도의 생산성을 실현하기 위해서는 세련된 기술, 잘 훈련된 기능, 유연하며 QCD에 관한 확실한 관리 시스템이 필요하다.

한편, 우리들의 현장을 보면 일상적으로 여러 가지 트러블이 발생하고 있다. 잘 조사해 보면 그 원인이 전 공정에서의 문제인 것이 압도적으로 많은 것이다. 즉, 「생산체질의 좋지 않은 것은 현장에서 나타난다」라고 하는 것으로, 종합적으로 생산성을 개선하고자 한다면 사람, 물건, 설비, 정보의 움직임이 조화된 현장 만들기를 하는 것이 좋을 것이다.

이 사고방식을 현장에서 실현하고 아울러 팀원의 개선 능력 향상을 도모하는 것이 이 연구회의 목적이다.

2. 연구 기간

2000년 5월~2000년 4월 1년간

3. 연구회의 진행 방법

(1) 테마의 선정

특정 생산라인을 개선대상으로 선정한다. 선정은 사무국이 받아들이는 사업소와 협의하여 선정한다. 이와 동시에 목표값도 설정한다.

(2) 사전준비

받아들이는 사업소는 사무국과 협의하여 필요한 자료를 사전에 연구 멤버에게 송부한다. 멤버는 이에 따라 사전연구를 해 둔다.

(3) 현장연구

현장연구는 원칙적으로 2박 3일의 일정으로 매달 실시한다. 약 3개월에 1테마를 소화한다.

(4) 현장연구의 순서
- 현장파악 : 현장관찰이나 인터뷰로 현재 상태와 문제점을 파악하고, 개선 방향을 설정한다.
- 문제점의 분석 : 중점적으로 문제의 요인을 분석 추구한다.
- 개선안의 작성 : 분석 결과를 바탕으로 개선안을 작성한다.
- 제안 : 받아들이는 사업소에 대해서 제안을 행한다.

(5) 연구의 정리

1년간의 연구 활동의 결과를 보고서로 정리하여, 보고회를 개최하고 완료한다.

4. 연구회 멤버

멤버는 각 사업소장의 추천으로 정한다. 자격 등에 있어서의 제한은 없으나 주로 생산 기술, 생산 관리, 설비 기술, 정보 등의 중견사원이 바람직하다.

5. 사무국

사무국은 생산본부 생산기술부에 둔다.

6. 보충

이 연구회는 give & take를 기본으로 운영하므로, 단순히 공부를 위한 참가는 사양 주십시오.

이상

| 56 | 조사연구위원회 설립 기획서 |

 기획의 목적

최근 재료에 대한 기술혁신은 놀라울 정도로 철이 알루미늄으로 알루미늄이 워프라나 복합재료로 변하는 등 일상다반사다. 이와 같은 변화에 대응하기 위해서는 종래의 상품별 사업부조직을 초월하여 신소재의 개발 동향, 사용자의 수요 변화를 정확하게 파악해 갈 필요가 있다.

사업부제 안에서의 횡단적인 조직으로서 기능하는 것이 본 위원회의 설립 목적이다.

 체크포인트

이러한 횡단적인 위원회의 경우 출신 모체에 따라 각각 이해관계도 발생하기 쉬우므로 사전에 위원회 활동의 범위·운영 방법 등을 검토하여 명확히 해 둘 필요가 있다.

신소재 조사연구위원회의 설립 기획서

최근 재료 면에서의 기술혁신은 놀라운 것으로 다종다양한 신소재가 시장에 출현하고 있다. 한편, 자동차를 비롯한 사용자 측에서도 기능 면을 중시한 선택지향이 더욱 강해지고 있으며 제조방법의 다양화나 가격 절감을 목표로 사용 재료의 대체 변화가 착실히 진행되고 있다.

이러한 중에서 신소재의 동향을 조사하여 차세대 상품자재로서 연구개발 하고자 다음과 같이 표기 위원회의 설립을 기획하였으므로 경영 회의에서 심의해 주시길 요청합니다.

1. 목적

신소재에 대해 소재 관련 사업부를 중심으로 위원회를 설립하고 메이커 개발의 현황, 수요의 동향, 장래성을 조사연구하고 차세대 전략상품으로의 전개, 관계사업부에의 자문, 사원에의 계몽 등을 행하는 것을 목적으로 한다.

2. 위원회의 분장 범위

① 대상으로 하는 상품은 하기와 같다.

철 및 비철계 신소재, 파인세라믹스, 고분자화학계 신재료, 탄소섬유 등 복합재료, 전자 관련 신재료 등

상기 중 이미 각 영업사업부에서 양적인 판매체제가 확립된 것을 제외한다.

② 상기 신소재에 대해 (가)조사·연구, (나)평가와 장래성의 검토, (다)사내 계몽(세미나 개최 등)을 행한다.

3. 위원회의 구성

위원장은 기획개발담당상무로 한다.

위원은 각 사업부장에게 추천을 의뢰하여 총 15명 이내로 한다.

연력적인 제한을 한다(예를 들면, 30세 이하).

4. 운영

사무국은 기획개발실에 둔다.

위원회는 월 1회 정도의 빈도로 개최한다.

위원장은 위원회를 주재하고 조사연구의 성과를 경영회의에 보고한다. 사무국은 필요에 따라 세미나·강연회 등을 개최하여 사원의 계몽에 노력한다.

위원회 출석에 드는 필요경비는 기획개발실에서 부담한다.

이상

특허관리 온라인구축 기획서

 기획의 목적

특허청은 특허, 실용신안 출원의 온라인화를 행하여 전자출원제도를 시행하고 있다. 자사 내부에서 문서처리를 계속한 경우 장래 비효율적인 관리 시스템이 된다. 이에 대응한 온라인화를 구축하고자 한다.

온라인화는 조기에 실시하는 것이 쉽다.

체크포인트

무슨 일이 있어도 실시하고자 하는 기획은 장점만을 쓰고 싶지만, 약점도 확실히 기재하여 사실을 근거로 기술하는 것이 좋다.

투자 효과를 명확히 하고 대외적인 효과, 정성적인 효과 등 장기적인 관점에서 그 필요성을 호소한다.

사내특허관리 온라인시스템 구축 기획서

특허청의 특허, 실용신안출원 온라인 시스템에 대응 할 수 있는 사내 온라인 시스템을 다음과 같이 구축하고자 기획합니다.

1. 목적

특허청의 온라인 출원 시스템에 대해 당사는 현재 플로피 출원으로 대응하여 관리하고 있지만, 당사출원의 사본을 플로피로 관리하는 데에는 한계가 있는 것과 장래 특허청의 온라인출원 시스템에의 중요성이 증가하고 있다고 생각된다. 특허청의 온라인출원 시스템을 당사의 사내 온라인시스템에 도킹시켜 이를 활용하여 업무의 효율화, 속도향상 및 품질 향상을 도모한다.

2. 구축 시스템의 개요

특허청의 온라인출원 시스템에 대응하는 출원용 단말기를 1대 구매한다. 특허 출원 후 특허청에서 수리된 특허출원명세서를 이 단말기로부터 당사 온라인시스템의 호스트 컴퓨터로 입력한다.

특허출원 데이터는 각 기술부에 있는 온라인단말기로 열람할 수 있도록 한다. 단, 출원 후 데이터의 입력은 특허관리부만 가능하게 한다.

각 기술자가 행한 발명고안은 각 기술부에 있는 온라인단말에서 「아이디어 고안 신청서」에 의해 특허관리부에 신청할 수 있도록 한다. 특허관리부는 온라인단말기로 출원 명세서를 작성하고 이것을 출원 단말기로 전송하여 특허청에 출원한다.

3. 시스템 구축에 필요한 도입 설비 및 소프트웨어와 비용

온라인출원 단말기와 전화	×××만 원
사내 온라인단말(특허관리부용)	×××만 원
출원 소프트웨어 개발비	×××만 원
시스템 구축 공사비용	×××만 원
이상 합계	××××만 원

4. 시스템 구축 기간

약 12개월

5. 시스템 구축에 의한 효과

투자 대 효과는 시스템 구축 후 약 ○년 안에 균형을 이루게 된다.
(투자 대 효과는 구체적으로 기재하는 것이 좋다. 여기에서는 생략)

▶ 기타 효과

- 특허관리부의 특허출원자료보관 공간을 약 ××% 삭감 가능하며, 장래 특허관리부의 Paperless화가 가능해진다.
- 각 기술부에서 「아이디어 고안 신청서」작성 시에 개발보고서, 연구 보고서 등의 데이터를 전용할 수 있어, 신청서작성이 쉬워진다.

6. 붙임 자료

세부계획서 (여기에서는 생략)

이상

58	업무개선 제안제도 개선 제안서

 제안의 목적

우리나라의 업무개선 제안제도는 조직 활성화를 위한 시책의 목적으로 평가돼
종업원의 능력개발과 의욕 향상에 효과를 올리고 있다.

그러나 최근 수년간 기업환경의 변화와 함께 이 제도도 크게 변화해 오고 있다.
이 제안은 개선안 활동의 성장과 함께 발생해 온 문제점을 새로운 시점에서 개선
하고자 하는 제안이다.

 체크포인트

제안의 배경을 그래프를 이용하여 이해하기 쉽게 설명함으로써 개선의 필요성을
호소하고 있다. 또한, 제안의 내용에 있어서 그 효과뿐만 아니라, 유의해야 할 전
제조건을 시사하고 있는 점도 중요하다.

업무개선 제안제도 개선 제안서

당사의 개선 제안제도는 발족 이래 약 20년이 됩니다. 최근, 여러 차례에 걸쳐 수정을 해 왔으나 제안 건수의 증가에 따른 사무처리 시간과 작업량의 증대가 격심하여 각 부문으로부터 개선 요구가 나오고 있습니다.

또한, 업무개선 제안제도에 관한 전국적인 조사데이터에 따르면, 선진 기업에서는 제안제도를 통한 커뮤니케이션의 원활화도 중요시되어 이에 따라, 처리 수단도 더욱 간소화·신속화하는 경향이 강해지고 있습니다.

이러한 상황 속에서 당사에서도 다음과 같이 업무개선 제안제도를 개정하는 것을 제안 드립니다.

1. 개선 제안 건수와 처리하는데 걸리는 시간·작업량의 추이

제안 건수의 증가와 그에 따른 처리량의 변화는 다음과 같다. 건수의 증가에 따라 처리하는데 걸리는 시간과 작업량의 증가가 현저하다.

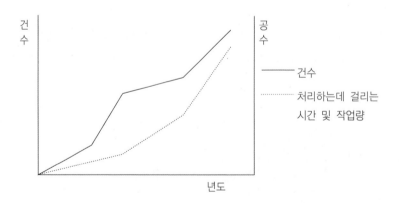

2. 개정의 방향

(1) 지금까지의 「제안 상자」에의 투함 방식을 폐지하고 담당 상사에게 직접 제안하는 방식으로 한다.

(2) 심사 단계를 간소화함과 동시에 과장의 결재범위를 대폭 확대한다.

(3) 심사 기준을 개정하여 유형효과편중을 피하고 창의와 개선 프로세스에 평가의 중점을 두도록 고친다.

한편, 개정안의 상세 내용에 대해서는 별지의 「업무개선 제안제도·개정을 위한 자료」(생략)를 참조 부탁한다.

3. 개정에 의해 예측되는 효과

(1) 상사에게 직접 제출함으로써 더욱 밀접한 커뮤니케이션을 기대할 수 있다.

(2) 과장의 결재범위를 넓힘으로써 심사가 간소화됨과 동시에 신속화되어 처리하는데 걸리는 시간과 작업량이 줄어든다.

(3) 심사 기준의 개정으로 창의나 개선 프로세스에의 동기부여가 기대된다.

4. 전제조건

새로운 제도는 관리·감독자에 있어서는 부담의 증대를 피할 수 없고, 그들의 바른 이해에 근거한 적극적인 협력을 얻을 수 없으면 오히려 종업원의 제안 의욕을 저해할 위험도 있을 수 있으므로 관리·감독자에게는 충분히 개정의 취지를 설명하고 그 이해와 협력을 요청하는 것이 필요하다.

이상

59	업무개선 제안서

 제안의 목적

현재 행하고 있는 업무에 개선의 필요성을 느꼈을 때, 그 개선안을 서류로 정리하여 상사에게 제안하여 승인을 얻는 것을 목적으로 하는 것이므로 자신의 의견을 구체적으로 기술하는 것이 필요하다.

또한, 그 개선에 의해 관계자나 회사에 있어서 이득이 있다고 판단하도록 하여 승인 받을 수 있도록 작성한다.

 체크포인트

현재 상태의 좋지 않은 점이 명확히 전달되어 있는가, 또한, 개선안이 독선적인 것이 아니라 관계자나 관계부서 전체에 있어서 어느 정도 이득이 있는가, 또한, 실시에 있어서 문제는 발생하지 않는지 등 충분히 검토한 후 제안서가 단순한 제안으로 끝나지 않도록 연구가 필요하다.

아이디어·탐색의 방법에 관한 개선

최근 아이디어·탐색 활동이 형식적으로 그 효과가 그다지 크지 않다고 판단되어 다음과 같이 개선하고자 제안합니다.

1. 현재 상태

현재 고안자(개발자) 전원에게 부과된 업무 중 하나로 매월 1회 이상의 아이디어·탐색 활동이 있지만, 이 업무에 관해서는 그 방법, 장소, 일정 등 각 고안자(개발자)에 일임하고 있다.

1) 아이디어 개발방법
2) 아이디어 회의 장소
3) 아이디어 회의 일정

그런데 이 아이디어·탐색의 목적은 상품에 관한 정보의 수집과 폭넓은 지식을 각 고안자(개발자)에게 흡수시켜 상품개발에 관해서 뛰어난 아이디어를 제안하도록 하는 것에 있지만, 최근 제안되는 아이디어에는 그러한 것이 인정받을 수 없다. 이는 각 고안자(개발자)의 아이디어·탐색 방법이 형식적으로 하고 있기 때문이다.

2. 개선안

아이디어·탐색의 연간 목표를 명확히 설정하고 그 방법, 장소, 일정의 스케줄을 작성한다.

각 고안자(개발자)에게는 그 스케줄에 따라 아이디어·탐색 활동을 하도록 한다. 그리고 지금까지 부과하지 않고 있었던 보고서의 제출을 의무화하여 의식개혁을 도모한다.

3. 기대 효과

고안자(개발자)의 의식개혁을 촉진하는 것으로 업무의 활성화가 도모된다.

상품 아이디어 수 증가

상품 개발 주기 단축

상품개선 주기 단축

4. 기타

개선안에 관한 보고서의 서식, 스케줄을 세우는 방법에 대해서는 별지(생략)와 같이 제안서를 제출하니 검토하신 후, 승인해 주시길 요청합니다.

이상

60	소집단 활동 활성화 제안서

 제안의 목적

소집단 활동을 언제나 활발한 상태로 유지하기는 절대 쉽지 않다. 놔두면 아무리 해도 형식적으로 하므로 이것을 막기 위해서는 여러 가지인 수단에 의해 자극을 주는 것이 필요하게 된다. 이 제안은 소집단 활동의 활성화에 대한 위원회로부터의 제안이다.

 체크포인트

문제의 해결을 위해서는 사실을 토대로 하여 현재 상태를 확실히 파악하고, 원인에 대해 대책을 세우는 것이 중요하다. 자칫하면 표면적인 현상에의 대책이 되기 쉬우므로 주의를 필요로 한다.

소집단 활동의 활성화에 대해서

당사에서는 중장기 계획 중에 있어서도 조직 활성화를 큰 기둥으로 하고 있으며, 소집단 활동은 이 목적으로서 중요한 위치를 차지하는 활동입니다.

그러나 최근 수년의 상황을 보면 전체적으로 형식적인 경향이 강하게 느껴집니다.

따라서, 여기서 소집단 활동의 본연의 모습을 되돌아보고 재구축 해야 한다고 생각하여 다음과 같이 제안합니다.

1. 소집단 활동의 현재 상태

당사의 소집단 그룹 수는 180그룹이지만 앙케트 조사에 의한 활동상황은 다음과 같다.

- 정기적으로 회합을 가지며 참가율도 높다.   20%
- 정기적으로 모이지만 참가율은 낮다.   30%
- 정기적으로는 회합하지 않는다.   20%
- 대부분 모이지 않는다. 중지상태이다.   30%

이 결과에 볼 수 있듯이 활발하게 활동하고 있는 그룹이 전체의 20%에 불과하고, 더욱이 중지 그룹이 30%나 된다는 사실로부터 당사의 소집단 활동이 상당히 심각한 상황에 빠져 있다고 판단하지 않을 수 없다.

2. 활동이 활발하지 않은 원인

같은 앙케트 조사로부터 활발하지 않은 원인 중 나쁜 예 3가지를 들어보면 다음과 같다.

   (1) 상사의 무관심
   (2) 리더의 미숙
   (3) 일의 바쁨

이 중 「(3)일의 바쁨」은 직접의 원인이 아니고, (1), (2) 등에 기인하는 간접적인 이유로 이해해야 한다고 생각된다.

3. 활성화를 위한 시책

지금까지의 고찰로부터 당사의 소집단 활동의 활성화를 도모하기 위해서는 다음과 같은 시책이 유효하다고 생각된다.

  (1) 관리·감독자에게 대한 교육실시

    (소집단 활동의 의의, 지원의 본연의 모습 등)

  (2) 리더 클래스에 대한 교육 실시

    (리더쉽, 문제해결 방법 등)

  (3) 소집단 활동 조직의 재검토

    (특히, 리더에의 백업 강화를 위해 간사의 증강을 중심으로 한다)

이상

QC 추진상황 사장진단 실시 기획서

 기획의 목적

기업의 체질개선 활동을 추진하는 데 있어 가장 중요한 것은 PICA의 사이클을 돌리는 것이다. 사장 진단은 이 사이클의 안의 체크 스텝으로서 위치가 부여되어 활동의 현상과 추진상의 문제점을 경영진이 파악하고, 그 해결 방향을 정하고 의욕 향상을 도모하는데 중요한 이벤트이다.

 체크포인트

사장에게 대한 보고는 자칫하면 좋은 면을 강조하고, 변변치 못한 것은 숨기고 싶어지는 것이나 여기에서는 오히려 문제점을 강조함으로써 바른 해결 방향을 구하도록 하고자 한다. 경영진도 이 취지를 이해하여 공연히 문제점을 지적하는 일이 없도록 해주길 바란다.

2000년도 QC 사장진단 실시요령

1. 진단의 목적

당사의 품질 보증체제의 향상 활동은 2년째를 맞이하여 각 사업부에서 적극적으로 전개되고 있지만, 이 활동을 더욱 충실한 것으로 하기 위해서 사장 진단을 실시한다. 그리고 체질개선의 추진상의 문제점과 그 요인에 대한 이해와 공유화를 깊게하고 이것을 회사 전체적인 과제로서 PDCA를 확실히 돌려가고자 하는 것이다.

2. 진단의 범위

각 사업소별로 행한다.

3. 실시기간

2000년 5월~6월 사이에 행한다. 상세 일정에 대해서는 개별로 조정한 후 별도로 통지한다.

4. 사전자료

수진 자료는 진단일의 15일 전까지 사무국에 제출한다. 양식은 특별히 정하지 않으나 가능한 한, 수진을 위해 자료를 작성하는 것은 피하고 일상의 관리 자료를 활용하여 설명할 수 있도록 한다.

5. 출석자

진단측 : 사장, 생산담당전무, 기술담당전무, 기획담당상무
수진측 : 사업부장, 공장장, 기술부장, 영업부장, 품질보증부장
사무국 : 품질관리부장, 품질관리과장

6. 진단 스케줄

(1) 진단측 인사 및 취지 설명　　기획담당상무　　　　　　　　5분

(2) 수진측 인사　　　　　　　　사업부장　　　　　　　　　5분

(3) 활동상황의 개요에 관한 설명　사업부장　　　　　　　　　30분

     (활동현황 인식과 특히 그 안의 문제점과 그 요인에 대한 분석을 중심으로 보고한다)

(4) 개선 기본방침의 설명　　　　사업부장　　　　　　　　　20분

     (분석 결과에 근거한 이후의 개선 방침에 대해서 설명한다.)

(5) 부문별 중점과제에 대한 설명　각부문장　　　　　　　　　60분

     (사업부장 방침으로부터의 각 부문의 중점과제에의 전개에 대해 설명한다.)

(6) 질의응답　　　　　　　　　전원　　　　　　　　　　　90분

(7) 진단측 협의　　　　　　　　진단측　　　　　　　　　　30분

(8) 강평　　　　　　　　　　　사장　　　　　　　　　　　30분

(9) 수진측인사　　　　　　　　사업부장　　　　　　　　　5분

7. 의사록

의사록은 수진측에서 작성하고 1주일 이내에 사무국에 제출한다.

8. 개선계획

진단 시의 지적 사항에 대한 개선계획을 작성해 3주일 이내에 사무국을 경유해서 사장에게 제출한다.

이상

제 7 장
정보처리·매스컴 관련
기획서·제안서

62. 정보 시스템화 추진 제안서

63. 판매정보 데이터베이스 확대 제안서

64. 생산계획 시스템화 기획서

65. 컴퓨터 활용사례 발표회 개최 기획서

66. 컴퓨터교실 설치 제안서

67. 컴퓨터 바이러스 대책 기획서

68. 사내 위성통신설비 설치 기획서

69. 거래처 경조 기획서

70. 일간신문 사장 홍보제안서

62	정보 시스템화 개발 제안서

 제안의 목적

① 최대의 목적은 시스템 개발을 수주하는 것이다.

② 시스템화의 필요성을 인식시킨다.

③ 시스템화의 문제점을 이해시킨다.

④ 시스템화는 비용이 드는 것을 이해시킨다.

 체크포인트

① 시스템에 미숙한 자도 이해하기 쉬운 표현을 사용한다.

② 문자는 크게 종이를 충분히 사용한다. 차트로 하는 것도 효과적이다.

③ 일방적으로 정하는 것이 아니고, 공동으로 시스템을 구축하고자 한다는 뉘앙스가 전해지도록 구성한다.

정보시스템 개발 제안서

1. 시스템 도입의 배경
① 공원에 대한 사회적 욕구의 확대와 다양화

② 공원의 적절한 유지 관리와 유효 이용의 촉진

③ 귀사에 대한 사회의 기대 증가

④ 단순 노동력 시장에서의 일손 부족

2. 시스템 도입의 목적
① 정보의 효율적인 수집·통합과 그 분석

② 공원의 최적관리경영수법의 추구 및 보급

③ 일손부족의 해소 및 작업 시간의 단축

3. 시스템 구축상의 기본방침
① 효율적인 정보수집·집계 방식의 도입

② 각 지점에서 수집한 정보의 통합과 공유

③ 각 지점간 공통 시스템 구축

④ 유동적인 사회정세에 대응한 확장성 있는 시스템의 구축

4. 시스템화의 대상범위
①

②

③

④

5. 신규업무 내용

  ①

  ②

  ③

  ④

6. 시스템 컨셉

  ①

  ②

  ③

  ④

7. 보충자료

이상

| 63 | 판매정보 데이터베이스 확대 제안서 |

 제안의 목적

부내에서 유효하게 이용하고 있는 데이터베이스를 단지 워크스테이션을 도입하여 LAN(로컬 에리어 네트워크)으로 접속하면 동일하게 이용할 수 있는 장점을 제시한다. 컴퓨터의 공동 이용은 단순히 선(인터넷 등)으로 연결시키는 것만으로 이용 가능하게 되었다.

 체크포인트

회선으로 접속한다고 해도 전등이나 전화선을 빼는 것과 조금 다르므로, 충분히 조사해 둘 필요가 있다. 또한, 공동 이용이 되므로 관계자의 양해는 확인해 둔다. 데이터 베이스의 내용을 공동으로 사용하는 것이라면 합의가 된다.

판매정보 데이터베이스의 이용확대 제안서

1. 개요

당 제1 판매부 제1과에서는 오피스 컴퓨터 AZ60을 사용하여 고객관리, 즉, 고객의 정보를 입력하여 언제든지 조사할 수 있게 되어있다. 또 제품정보, 즉 제품의 특성이나 용도, 사용자의 의견, 발매 년월일 등을 데이터베이스에 등록하고, 필요시에 검색하여 영업 활동에 사용하여 효과를 올리고 있다.

당 지점에는 기타 제2, 제3 판매부가 있으며, 제품이 다를 뿐이며 판매관리에 관해서는 같은 방법을 취하고 있으므로, 각부에 워크스테이션(WS)를 1대씩 도입하여 회선(LAN)로 연결해 데이터 베이스를 공동으로 이용해 판매활동의 지원으로 사용하는 것이 좋다.

2. 비용

AZ60용 워크 스테이션	2대	500천원
Ethernet (50m)		
통신기기, 공사비		500천원
	합계	1000천원

3. 효과

제1 판매부에서는 고객관리에 유용하게 활용되고 있으므로, 그 효과를 넓게 활용한다.

4. 제안내용

다음과 같이 각부에 1대, WS를 도입하여 Ethernet(LAN)으로 접속한다.

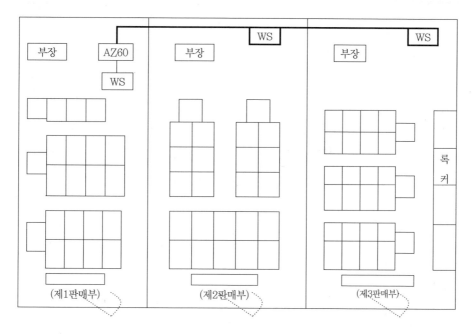

주 굵은선=신설기기

(그림) 신규도입설치도

생산계획 시스템화 기획서

 기획의 목적

시대의 변화와 함께 수단이나 방법은 바뀌고, 변화에 대응 한 대책을 취하지 않으면 안 된다. 도구의 변화는 정말로 크다. 새로운 도구의 효과, 유효성을 이용할 필요성을 설득한다. 타사에 한발이라도 앞서 실행하여 경쟁에서 이기지 않으면 안된다.

 체크포인트

취지, 목적을 이해하기 쉽고 명료하게 쓴다. 자세한 설명이 필요할 때는 별지로 하는 것이 좋다. 효과는 반드시 수량적으로 나타낸다. 즉, 수치로 나타내어 신뢰성을 어필한다.

생산계획 ES 시스템화 기획서

1. 개요

현재 제3 제조부의 월차생산계획은 사람이 과거의 경험을 가미하여 생산비용이 적고 효율이 좋은 입안을 하여 실행하고 있습니다. 그러나 이렇게 해서는 아무래도 사람의 사고방식에 치우치게 되는 것은 피할 수 없습니다.

- 요즘은 컴퓨터의 다운사이징화가 진행되고 작은 사이즈의 컴퓨터라도, 상당한 처리능력이 있는 기계가 나왔기 때문에 큰 프로그램도 간단하게 실행할 수 있게 되었습니다. 지금까지는 컴퓨터로는 무리였던 인공지능(AI)에 의한 생산계획 시스템도 한 발 가까워 왔습니다.

- 생산계획, 특히 당사의 계획에 맞는 레이아웃형시스템, 익스퍼트시스템이 몇 가지 예로써 세상에 나와 있습니다. 이는 생산계획을 세우는 제약조건을 룰로 기억시켜 생산해야 할 품종과 생산량을 데이터로 입력하면 제품을 어떤 순서로 생산하면 좋은지를 조사하고 조립해서 입안 결과를 출력합니다.

- 당사의 생산계획 1개월의 생산 약 50품종을 계획을 입안하기 위해서 1명이 약 하루를 소비하고, 이에 필요한 원재료의 필요량을 일별로 내놓는데 약 1주가 걸리고 있습니다.

이 계획안 원재료소비량의 계산을 수 시간 안에 행하기 위해서 ES(익스퍼트 시스템)의 프로그램을 도입하여 큰 폭의 효과를 올리고자 요청합니다.

2. 시스템화에 의한 효과

(1) 현상 작업량

① 월차계획

생산계획 입안 작성	1인
원재료필요량 계산	3인
포장재료 필요량 계산	2인
합계	6인

입안 작업은 월 1회이지만, 월의 도중 생산계획의 변경이 2~3회 있다.

② 월중의 재계획

계획입안과 원재료, 포장재료의 재계산

1회당	2~3인
월 중 2~3회	4~9인

이상으로부터,

월차계획작업	10~15인 ················ⓐ

(2) 시스템화 후의 예상작업량

① 월차계획

월차계획 입안과 계산 작업	2시간

② 재계획

재계획 계산, 1회당	1~1.5시간
월 중 2~3회	2~4.5시간

이상으로부터,

월차계획작업	4~6.5시간 ················ ⓑ

(3) 효과에 대해서

1시간 단가 2500원으로서

ⓐ ············	17만5000~26만 원
ⓑ ············	1만~1만6250원
ⓐ-ⓑ ············	약 16만 원~25만 원/월 ················ ⓒ

250

따라서 16만~25만 원/월 절약된다.

3. 시스템 도입비용

(1) 하드웨어 비용

컴퓨터(8MB, 60MB 데스크톱)   750만 원

(2) 소프트웨어 비용

ES에 의한 생산계획시스템(ES-PLAN)   800만 원

(합계)   1550만 원

리스료 ·········· 1개월   35만 원

보수료 ·········· 1개월   10만 원

(합계)   45만 원/월

따라서, 월차리스료외   45만 원 ············· ⓓ

4. 비용 삭감 효과

비용삭감 비용은, ⓒ와 ⓓ로부터

월 115천원~205천원 절약된다.

연 1380천원~2460천원 절약된다.

5. 품의의 협의처

① 정보 시스템 부장

② 구매부장

③ 사무부장

이상

65	컴퓨터 활용사례 발표회 개최 계획서

 기획의 목적

컴퓨터는 사무기기로서 각 부문단위로 도입되어 왔지만 아직 충분히 이용되지 않고 있다.

또한, 어떻게 사용하면 좋은지 모르고 있는 곳도 볼 수 있다. 그렇다면, 타부문이 어떻게 사용하고 있는지 알아볼 기회를 만드는 것은 어떨까. 다른 것을 볼 기회는 좀처럼 없다.

 체크포인트

이 경우의 기획내용은 사례가 중요한 요인이 된다. 과연 이라고 감탄할만한, 그리고 누구나 어느 부문에서도 즉시 이용할 수 있는 내용의 예를 선택하는 것이 좋다. 그러기 위해 평상시 이용실태를 조사해 두는 것이 중요하다.

컴퓨터 활용사례 발표회 개최 계획서

당사도 시대의 흐름을 타고 각 부문에 수많은 컴퓨터가 도입되어 많이 이용되고 있습니다. 컴퓨터 대수가 부족할 정도로 이용하고 있는 부문이 있는 한편, 아직 충분히 이용하지 못하고 있는 부문도 볼 수 있습니다.

그래서 컴퓨터 이용 기술의 지식교류를 목적으로 컴퓨터 활용의 사례발표회를 계획하였습니다.

각 부문에서는 어떤 업무에 사용되고 있는지, 또, 소프트웨어는 어떠한 것을 사용하고 있는지, 이렇게 이용하기까지의 힘들었던 이야기나, 즐거움, 기쁨 등을 포함한 내용의 발표회입니다.

이번에는 제1회로서 6가지 주제를 선택하여 2시간의 예정으로 개최합니다. 많은 분이 참석해 주시길 기다리고 있습니다.

1. 일시
2000년 0월 0일 15시~17시

2. 장소
본관 3층 대회의실

3. 프로그램
① 출장여비 정산을 화면입력으로 처리한다.　　　　　　　　총무부 총무과
② 컴퓨터에 의한 사내전화부 관리　　　　　　　　　　　　총무부 총무과
③ 일반비용의 예산·실비 대비표에 의한 관리　　　　　　　사무부 구매과
④ 은행별 예금잔고 관리표사무부 경리과
⑤ 컴퓨터 LAN에 의한 데이터 공유 · 생산데이터　　　　　　생산관리부
⑥ 컴퓨터데이터베이스 소프트웨어에 의한 소규모원가계산시스템　제1 제조부

4. 대상자

  컴퓨터를 사용하고 있는 사람

  컴퓨터를 사용해서 일을 할 예정인 사람

  그 외

이상

| 66 | **컴퓨터교실 설치 제안서** |

 제안의 목적

　사내에 있는 컴퓨터는 어느 회사에서도 충분히 사용되고 있지 않은 것이 현재 상황이다. 이 때문에 사내의 기존에 설치된 컴퓨터를 효율적으로 활용시키고자 컴퓨터 연수용 교실을 만들어 훈련·교육하기 위한 컴퓨터교실을 설치하고자 하는 제안서이다.

 체크포인트

　제안서 그 자체는 간결 명료하게 기술하는 것이 중요하다. 상세한 내용은 백데이터로서 A3사이즈 정도로 별지로서 준비해 두어 경영진으로부터 설명을 요청받았을 경우의 자료로 하는 것이 포인트이다.

컴퓨터 교실 설치 제안서

1. 제안 취지

본사 1층의 제2 회의실을 개조하여 새로운 컴퓨터교실을 설치하고, 아래의 활용을 도모하고자 제안합니다.

(1) OA 관련 교육

각 부과에 설치되어 있는 노트북 컴퓨터의 유효활용을 위해 하기 교육을 모든 종업원에게 실시한다.

a. 컴퓨터의 기초 교육

b. 비즈니스 문서 작성의 기초 교육

c. 표 작성의 기초 교육

(2) 관리자용 OA교육

작년 개발된 컴퓨터에 의한 스케줄 관리 프로그램 모든 관리자에게 교육시킨다.

2. 제안 설비

(1) 노트북 컴퓨터   J32SS1   20대

(2) 프린터   PP3200   5대

(3) 전기·배선공사비

(4) 교실 개조 공사비

(5) 교육 패키지 소프트웨어   20개

3. 예산금액

설비명칭	제안번호	예 산 액
컴퓨터교실 설치	H00921	9,500,000원

4. 발주와 완성일

발주일   2000년 6월 1일

완성일   2000년 8월 말일

이상

| 67 | 컴퓨터 바이러스 대책 기획서 |

 기획의 목적

컴퓨터 바이러스에 의한 컴퓨터의 피해가 발생하고 있다. 이 바이러스를 사전에 체크하여 프로그램이 파괴되는 것을 막기 위한 기획이다.

 체크포인트

컴퓨터 피해의 대부분은 불법 개인사용 CD로부터 감염되는 경우가 많다. 그것을 막기 위해서는 정품 개인사용 CD(정식으로 구매한 패키지 소프트웨어)를 투입한다. 불법으로 복사한 개인사용 CD로부터 바이러스가 침입하여 컴퓨터가 파괴되지 않도록 충분히 주의한다.

컴퓨터 바이러스 대책 제안서

사무실과 연수실에 있는 컴퓨터를 바이러스 감염으로부터 지키기 위해서 다음의 대책을 세우고자 하니 검토해 주십시오.

1. 감염의 주원인은 개인사용 CD 등의 불법 복사에 의한 것으로 다음의 대책을 취한다.
(1) 사무실과 연수실에 개인사용 CD를 가지고 들어가거나, 가지고 나가는 것을 금지한다.
   ① 문서작성 프로그램이나 표 작성 프로그램, 전자메일로 사용한다.
      항시 보존용 개인사용 CD는 회사와 연수실에서 검증된 것을 사용한다.
   ② 대출은 연수 당일, 그것도 연수실 내에서 사용할 경우로 한다.
   ③ 개인사용 CD를 가지고 들어갈 수 없다.
      단, 바이러스 체크 프로그램으로 점검하고, 문제가 없다고 판단된 때에만 가지고 들어가는 것을 인정한다.
(2) 매일 1회, 모든 컴퓨터에 대해 바이러스 체크를 하여 내부의 프로그램 등이 파괴되지 않았는지, 감염되지 않았는지 등의 검사를 한다.
   ① 체크 당일은 당 정보시스템의 담당자가 하지만, 귀 부서의 입회도 요청한다.
(3) 이번 대출용 개인사용 CD는 다음 수량을 준비할 필요가 있다.
   a) 문서보존용   20장
   b) 표 계산 보존용   20장
   c) 전자메일문서용   20장
   합계 60장
2. 별도로 「바이러스대책 개인사용 규칙」을 정한다.

이상

68	사내 위성통신설비 설치 기획서

 기획의 목적

최근, 위성을 사용한 사내 통신 시스템이 구축되고 있다. 그 주된 것은 TV회의나 위성방송 등이며 그 설비를 설치할 경우의 기획서이다.

 체크포인트

제안액이 고액이 될 경우가 많으므로 시류의 분위기에 휩쓸려 가는 일 없이 정말 실효가 있을지, 지금이 아니라도 장래에 보아 투자 효과는 충분히 얻을 수 있는가 등 사전 조사·분석을 한 후 제안하는 것이 중요하다.

사내 위성통신설비 설치 기획서

1. 제안 사유

금년도 투자에 의해 영상 송수신국, 텔레비전 회의국을 완성시켜 사내 텔레비전 으로서 전국의 지점에 경영방침이나 상품지식 등의 신속한 연락과 위성교육에 활용한다.

2. 예산과 승인범위

설비명		투자액(단위·백만 원)
영상송수신 설비	1벌	80
텔레비전 회의 설비	2벌	50
스튜디오 설비	1벌	9
기타		13
합 계		152

3. 설비계획번호

RA-992A 2

4. 발주와 완성 시기

발주 : 2000년 4월 5일

완성 : 2000년 7월 말일

5. 설비 개요

본사 제1회의실 스튜디오 설비

                         영상송수신설비

서울 지점(본점공용)   텔레비전 회의실

부산 지점   텔레비전 회의실

6. 주요 이용 개요

스튜디오에서는 기초의 사장 훈시나 위성교육, 신제품을 철저히 주지시키는 데 사용한다.

서울과 부산 간은 텔레비전 회의를 이용하여 신속한 검토와 제 경비 삭감을 도모하여 경영에 이바지하는 것으로 한다.

이상

69	거래처 경조 기획서

 기획의 목적

거래처와의 관계 및 친밀화는 평소 기회가 있을 때마다 신경을 쓰지 않으면 안 된다. 그 때문에 경조시에는 타이밍을 놓치지 않고 증답을 행하는 것이 중요하다.

 체크포인트

답례품의 내용, 답례처에 따라 사장 이름으로 행하거나, 비용을 임원실이 부담하거나 할 경우에는 본 예문과 같은 기획서를 준비해 두는 것이 편리하다.

 체크포인트

거래처와의 교제에서는 경조시의 대응은 지극히 중요하다. 전보타전은 상석자 명의로 타전하는 경우가 많지만 그럴 경우, 이와 같은 사(부)문 기획서를 준비해 둔다.

용지의 밑에 난에 대표적인 예문을 붙여 두면 쓰기 쉽고 편리합니다.

거래처 경조품 기획서

구분	경조 내용		
1. 경조처명	ABB 대표이사		
2. 경조사유	모친서거		
3. 금 액	20만 원	비용분담	당부서(100천원까지) 20만 원 비서실(100천원초과) 만 원
4. 품 명	화환	구매처	좋은화원
5. 구매담당	총무과(비서실)		
6. 거래상황	1. 거래액 : 5천4백만 원(월간) 2. 당사이익 : 4백만 원(월간) 3. 업계에서의 지위 : (동종업계)		
7. 경조목적	거래관계의 한층 친밀화를 도모		

거래처 사장명의 경조전보 기획서

경조전보처	주소 : 부산시 중앙구 중앙동 중앙리 786번지
	성명 : 홍길동 님
전 문	부친의 서거를 슬퍼하며 삼가 애도 드립니다.
착 신 일	2〇〇〇년 12월 29일
타 전 사 유	당사 중요 거래처 홍길동 사장 부친 서거
거 래 상 황	연간판매액 : 380억 원 (당사 매출의 10%) 거래상품 : 프린터, 컴퓨터 등
특 기 사 항	• 고인은 전 마루비시전기제작소 상무 • 회사장은 후일 행하며, 그 때에는 별도로 타전하고자 한다.

〔예문〕

1. 결혼 : 아드님(영애)의 결혼을 진심으로 축하드립니다.
2. 조문 : (개인의 경우) 존부(사장님·사모님)의 서거를 슬퍼하며 삼가 애도 드
       립니다.
       (회사장의 경우) 〇〇님의 …… 상동 ……
3. 승진 : 사장(이사·부장) 취임을 축하드리며, 앞으로의 활약을 기원합니다.
4. 낙성 : 새로운 본사의 준공을 진심으로 축하드립니다.
       (주) ATT에서의 접수는 지정일의 10일 전부터 가능.

 제안의 목적

신문의 기획란에 사장이 소개되는 효과로서 사장 PR 외에 기업 PR, 상품 PR, 사내에의 PR, 구인효과 등 큰 효과를 기대할 수 있다.

 체크포인트

① 매체의 개요(매채명·칼럼명·발행부수·창간 연월일·독자층 등)를 개재한다.

② 사장이 등장하는 칼럼란의 내용 소개 이외에 취재방법, 취재일시도 기록해 둔다.

③ 게재료의 유무를 미리 확인해 둔다.

④ 제안서에 매체의 견본지나 칼럼란의 사본을 첨부하는 것이 좋다.

일간신문 기획기사 사장 홍보제안서

이번 당사와 거래가 있는 동해에이전시사로부터 일간 에코지의 회사원 대상 시리즈기획 「사장의 프라이베이트 타임」에 당사의 사장을 소개하는 기획의 제안이 들어왔습니다.

당 홍보과에서 검토한 결과 기업 PR을 비롯해 구인효과 등의 효과를 기대할 수 있다고 판단하였으므로 다음과 같이 사장의 등장을 제안합니다.

1. 사장의 장점

재계에서의 사장 자신의 PR 외에 기업PR, 종업원을 비롯한 가족, 거래처에 대한 PR, 구인효과 등 주지 활동의 일환으로서 큰 효과가 기대할 수 있다.

2. 칼럼 명

일간 에코지 「사장의 프라이베이트 타임」

(회사원 대상 시리즈기획)

3. 취재방법

(1) 기자·카메라맨이 회사를 방문.

(2) 인터뷰 및 스냅 촬영, 약 1시간.

(3) 취재 당일 다음 사진을 기자에게 제공한다.

- 학생 시절 얼굴 사진
- 가족과 함께 찍은 사진
- 취미를 즐기고 있는 사진

4. 취재일시

사장의 일정에 맞추어 취재일시 정함

5. 취재 대상

이색적인 기업, 화제의 기업, 사장지명도가 높은 기업. 일부 상장 기업.

6. 칼럼 내용

사장의 경영 방침, 철학, 기업인으로 사는 삶의 방식, 취미 등 일반 회사원에게 있어서 시사하는 바가 풍부한 내용으로 동지의 중심기획이 되어있다.

7. 매체 개요

- 중앙일간 전국지로 32면~48면 매일 발행.
- 잡지편집의 수법에 의한 뉴스 면이나 회사원 대상 특별히 기획, 읽을거리, 기사가 젊은 층에 호평을 받아 일반지와는 다른 새로운 독자층을 개척하고 있다.
- 발행 부수는 300만 부, 1부 500원

8. 게재료

무료

이상

제8장
보고서 관련 양식

71. 감사보고서

72. 검사보고서

73. 검수보고서

74. 결재업무보고서

75. 구매보고서

76. 국내출장보고서

77. 납품가격변동보고서

78. 미수연체금 발생상황 보고서

79. 매입처별구매단가 변동보고서

80. 보고서계출서

81. 사고보고서

82. 업무보고서

83. 연수보고서

84. 영업보고서

85. 판매현황보고서

86. 재고조정보고서

87. 중요사항보고서

*제8장 보고서 관련 양식은 코페하우스 발행 "회사업무서식CD" 자료입니다.

감사보고서

본 감사 등은   년 월 일부터   년 월 일까지의 제   기 영업연도의 회계 및 회계 이외의 업무감사를 실행하고 다음과 같이 보고하나이다.

1. 감사 방법의 개요

   ① 회계감사를 위하여 장부·서류를 열람하고 재무제표에 대하여 신중히 검토 하고 필요하다고 생각되는 실사·입회·대조, 이사로부터의 보고청취, 기타 합리적 방법을 사용하여 조사하였다.

   ② 회계 이외의 업무집행을 감사하기 위하여 이사회 및 기타의 회의에 출석하 고 이사로부터 영업에 관한 보고를 청취하고, 결재서류를 열람하고, 기타 필 요하다고 생각되는 방법을 사용하여 조사하였다.

2. 감사의견

   ① 대차대조표·손익계산서는 회계장부의 기재와 합치하고 법령 및 정관에 따라 회사의 재산 및 손익상황을 정당하게 표시한 것으로 인정한다.

   ② 영업보고서는 법령 및 정관에 따라 회사의 상황을 정당하게 표시한 것으로 인정한다.

   ③ 이익의 처분에 관한 의안은 법령 및 정관에 적합하고 타당하다.

   ④ 이사의 직무수행에 관한 부정행위, 또는 법령이나 정관에 위반하는 중대한 사실은 없다.

                         년   월   일

                    주식회사
                    감   사   ㉑
                    감   사   ㉑

검사보고서

(200 년 월 일)

결재			

번호	검사물품	제조량	완제품	불량품	불량률

검수보고서

결재	담당	팀장	사장

No.

검수부서		검수책임자		사용부서	

납품회사	회사명		사업자번호		
	주소				
	대표		전화		팩스	
	홈페이지		이메일		핸드폰	

납품일자	품 명	규 격	단 위	수 량	단 가	금 액	비 고

결재업무보고서

회 사 명 :

결재	팀장	이사	사장

제 목					
업무부서		부 장		담 당 자	
보 고 일		업무기한		결 재 일	

보고	현 황	
	실 시	
	건 의	
결재	확 인	
	평 가	
	지 시	
비 고		

구매(입찰)보고서

결재	담당	팀장	사장

주문본 제　　　호　　20　년　월　일

주문처		납품장소		지급과목		청구서	제 조 월 일

품　　명	규　격	수 량	단위	단　　가	금　　액	납기일	구매일

국내출장보고서

(200 년 월 일)

결재	담당	과장	사장

성명		부서		직위	
출장목적					

출장사항 변경내용

일정별 업무계획	일자 (부터 ~ 까지)		방 문 선	업 무 내 용
	/	/		
	/	/		
	/	/		
	/	/		
	/	/		

출장비 청구	항 목	금 액 (원)	산 출 내 역
	일 당		
	숙 박 비		
	교 통 비		
	합 계		

비 고	

납품가격변동보고서

20 년   월   일 작성

결재	담당	팀장	사장

---

1. 변 동 가 격 및 품 목

기 종 명			
부 번		구 단 가	
품 명		신 단 가	
적 용	월 분 부 터	차 액	

2. 납품가격의 변동이유

3. 월간의 매출변동금액
월간변동매출

=

(증 · 감)

4. 부가가치액 (가공액)
월 간 변 동 액

=

(증 · 감)

미수연체금 발생상황 보고서

부　　과　　　년　　월도

매 출 처	전월말잔액	당월입금	당월증가	신규발생	당월말잔액

※ 채권 총액은 외상매출금＋받을어음　　　　　　※ 담보가 있을 때는 그 종류와 견적가액
※ 신규발생은 어음기일 도래로 인한 증가　　　　※ 채권자 회의 결정사항 등도 적요란에 기입

(비고)

매입처별 구매단가변동 보고서

No.		작성일	년 월 일

1. 변동단가 및 품명

품 번		구발주단가	
품 명		신발주단가	
구 점 명		자재담당자	
신 점 명		적 용	

2. 발주단가 변동이유

	가격상승		가격하락
1	시방변경으로 인함	1	시방변경으로 인함
2	원가내용 분석	2	원가내용 분석
3	공정 삭감	3	공장 증가
4	소재가격 하락	4	소개가격 상승
5	발주량 증가	5	발주량 감소
6	외주처(매입처) 변경	6	외주처(구매처) 변경
7	Jig 공구, 금형설비 신규채용	7	기 타
8	기 타	8	

3. 월간의 변동금액

절약금액 = 구단가 × 월사용량 − 신단가 × 월사용량

초 과 액 = 신단가 × 월사용량 − 구단가 × 월사용량

◇ 수주가격뿐 아니라, 발주가격에 대하여도 구체적으로도 내용을 알고 필요에 따라 계획수립에 원용하기 위해 필요항목을 한 표에 묶었다. 또한 원가절감을 위해 가격이 변동되었을 때에도 그 이유와 함께 이 양식에 의해 보고한다.

보고서계출서

결재			

_____ 귀하　　　　　　　※　　　년　　월　　일

계출(개폐)번호		계출(계폐)년월일	년　월　일	적　요	

계출사항	명　　칭	보고책임자	제출빈도	제출시기	보고서청구자

개폐사항	명　　칭	보고책임자	제출빈도	제출시기	보고서청구자
	기 계 출 번 호	개　　폐　　이　　유			

	결재	담당	부장	이사
교통사고보고서				

사 고 기 록	사고일시		운전사명	
	사고종류			
	사고장소			
	사고경위			
	처리결과			
	비 고			

	결재	담당	부장	이사

업무보고서

부 서		보고일	20 년 월 일
부서장		결재일	20 년 월 일
담당자		업 무 기 간	~
제 목			

첨부서류	1	6
	2	7
	3	8
	4	9
	5	10

연수보고서

소속부서 : ○○○부서장 귀하

소 속		직 위		성 명	

교육내용

교육소감

교육훈련규정 제13조 제1항에 의하여 위와 같이 보고합니다.

년   월   일

보고자   ㉑

첨부 1. 수료증사본
     2. 교육일정표 및 성적표
     3. 교재표지사본

영업보고서

20 년   월 일

성 명 :

결재			

방 문 처		부 서	담 당 자	소 재 지	시간	방문동기	교섭경과 및 진척상황
1					|		
2					|		
3					|		
4					|		
5					|		

판매현황보고서

작성일 :

결재			

번호	물품명	전기말 재 고	기간중 생 산	기간중 판 매	기간중 폐 기	기간중 반 품	재 고	생산일	비고
비고									

재고조정보고서

결재			

사 업 소 명	재고조정번호	재 고 조 정 승 인 일 자	비 고

일련 번호	식별코드	품 명 및 규 격	내 외 자	단 위	장 부		실 사		과부족수량		비 고
					수량	금액	수량	금액	수량	금액	

작 성	검 토 확 인 ①	검 토 확 인 ②	승 인
일자 : 직책 : 성명 : ⑪	일자 : 직책 : 성명 : ⑪	일자 : 직책 : 성명 : ⑪	일자 : 직책 : 성명 : ⑪

중요사항보고서

회 사 명 :

제 목						
보 고 일		업무보안		문서보안	
보 고 자		부 서		직 위	
보고대상						
보고내용						
비 고						

286

제 9 장
품의서 관련 양식

88. 구매품의서

89. 여비교통비 지출품의서

90. 자재출고품의서

91. 지출품의서

92. 특별지급품의서

93. 이사회개최품의서

94. 예산전용품의서

*제9장 품의서 관련 양식은 코페하우스 발행 "회사업무서식CD" 자료입니다.

구 매 품 의 서

20   년   월   일

결재	담당	팀장	사장

청구부서		청구번호		청구일자	
합의부서					
품의번호		CODE		발주번호	
납 품 선					

품 명	규 격	단 위	수 량	단 가	금 액	비 고
계						

납 기	20 년 월 일	지불조건		인도조건	

용 도 및 시 장 현 황	

종전구매일자	20 년 월 일	품 명		단 가		납품선	
종전구매일자	20 년 월 일	품 명		단 가		납품선	

견 적 대 비	품 명 거 래 선		비 고

근거서류	1. 견 적 서 부 3. 부 2. 구매의뢰서 부 4. 부

전결규정 제   조   항에 의거   전결

여비교통비 지출품의서

년   월   일

지 출 내 역

출 장 목 적	
행 선 지	
출 장 기 간	
개 산 여 비	
출 장 자	

내 용

정산월일		정산액	

자재출고품의서

20   년   월   일

결재			

구매 품의서번호	가공업체명	외주처코드	제품명	품의년월일	구매 지시번호

품의서번호	품 명	수 량	출 고 자 재 내 역						비 고
			품명	제품코드	제품종류	수량	단가	금액	

지출품의서

(기밀비, 기부금, 접대비)

년   월   일

지 출 내 역	
지 출 금 액	
사 용 또 는 접 대 목 적	
기 부 처	
접 대 장 소	
참 석 예 상 인 원	
사 용 자 및 사 용 부 서	

비 고

특별지급품의서

년　월　일

부 서 명		담 당 자	

요 건	적요 (금액, 기일, 기타)
결　제　연　기 지 급 조 건 변 경 선　　급　　금 기　　　　　타	
이　　유	
심　　　　사 소　　　　견	 (품의 승인　　년　월　일)
조　　치	

이사회개최품의서	결재	담당	팀장	사장

분 류 번 호 :		이사회사무국 전화번호 :	
기안년월일 :		보 존 년 한 :	
경 유		발 신	
수 신			
참 조			
제 목			

예산전용품의서

발의일자	년월일
부 서	

(ㄱ) 전용 내용

구 분	부서에서			부서로		
	월 일	과 목	전용금액	월 일	과 목	전용금액

전 용 사 유

(ㄴ) 전용 전후 예산현황 비교

구 분	월 일	과 목	예산액			
			당 월(월)		누 계 (월~월)	
			전 용 전	전 용 후	전 용 전	전 용 후

제 10 장
계획서 관련 양식

95. 감사계획서

96. 교육계획서

97. 구매계획서

98. 시제품제작계획서

99. 신입사원 교육계획서

100. 영업부 시장전략 판매계획서

101. 판매대금수금 계획서

*제10장 계획서 관련 양식은 코페하우스 발행 "회사업무서식CD" 자료입니다.

감사계획서

20 년 월 일

결재	담당	팀장	사장

수 신 :	발 신 : ㉶

다음 감사계획에 따라 20   년도 (제   기) 내부감사를 실시하고자 알려 드립니다.

1. 감사의 방침

2. 감사의 목표

3. 감사시기 및 대상부서

실 시 일	대 상 부 서	실 시 일	대 상 부 서

교육계획서

결재			

수 신	인사부 (총무부)
발 신	

일 자	교육과정	교육대상자	교육인원	교육기관	교육기간	교육경비

교육훈련규정에 의하여 위와 같이 교육계획서를 제출합니다.

년   월   일

○ ○ ○부서장   ㊞

구매계획서	결재	담당	팀장	사장
20 년 월 일				

구매목적	품 명		구매품의 No.	
	용 도		운영계획 No.	
	예산액			
구매구분	계 약 구 분			
	제작및 기성품 별			
납품관계	납 기	발 주 후 일		
	납 품 장 소			
공 고 관 계				
기 타 사 항				

시제품제작계획서

제안제목 :

제작일정	제작내용	소요재료	단 가	제작방법	제작장소	재료구매처

년   월   일

제안자 :   ㉑

※작성요령

1. 제작일정 : 시제품의 단계별 제작 년. 월. 일
2. 제작내용 : 시제품의 단계별 제작내용 명시
3. 소요재료 : 단계별 제작에 따른 소요 재료명
4. 단가 : 부품 소요 재료단가
5. 제작방법 : 단계별 제작방법 기술
6. 제작장소 : 제작장소 명시
7. 재료구매처 : 단계별 제작에 따른 재료 구매처 명시

신입사원 교육계획서

구 분		실시부서	대 학 졸	고교(남)졸	고교(여)졸
입사전	통신교육				
	간 담 회				
입사시 기초교육	기초교육				
	기술교육				
배 속 시 기					
폴로우업교육	사내집합교육				
	합숙교육				
실 습 교 육					
전문기초교육					
직장내교육의 기 간					

영업부 시장전략 판매계획서

<table>
<tr><td rowspan="2">결
재</td><td></td><td></td><td></td></tr>
<tr><td></td><td></td><td></td></tr>
</table>

| 번호 | 이름 | 담당지역 | 지역수요예측 | | | 전년쉐어 | 전년실적 | 목표쉐어 | 목표 | 분류목표 | | | | 유의점 |
			사업소수	분포율	지역수요예측					A형	B형	C형	D형	
계														

판매대금수금 계획서

20   년   월   일

담당자 :   ㉘

			결재			

일정	거래처명	판매금액	미수금	수 금 계 획			주력품	역매품
				현 금	어 음	%		
소 계								
총 계								

지은이 ㅣ 야스타 시게카즈
와세다대학 공학경영학과 졸업하고 일본산업연구소·일본사무능률협회 강사, 매니지아카데
미 소장, 아사히신문사 워드프로세서 심사위원장, 문부과학성 검정교과서 비즈니스문서
검정운영위원 등을 역임하였다. 저서로는 『문서처리』, 『1분스피치』, 『완전보존판 비즈니
스문서 기본 예문 180』 등 다수가 있다.

지은이·옮긴이 ㅣ 코페경영연구소
중소기업의 성장전략과 경영관리 등을 연구·교육·컨설팅하는 중소기업 전문 연구소이다.
저서·역서·감수서로는 『목표관리실무』, 『판매계획서 작성매뉴얼』, 『동기부여 리더십』, 『
보고서 리포트 작성기술』, 『매출 10억대 회사를 100억원으로 만드는 방법』, 『재무코칭』, 『
주식매도방법』, 『시황별 주식투자방법』 등 다수가 있다.

기획서 제안서 작성매뉴얼 (예문 70, 양식 31)

2021년 4월 15일 개정판 발행

지은이   야스다 시게카즈, 코페경영연구소
옮긴이   코페경영연구소

발행인   강석원
발행처   한국재정경제연구소 《코페하우스》
출판등록 제2-584호 등록일 1988.6.1

주소   서울특별시 강남구 테헤란로 406, A-1303
전화   (02) 562-4355
팩스   (02) 552-2210
전자우편 kofe@kofe.kr
홈페이지 kofe.kr

 ISBN   978-89-93835-62-5 (13320)

  값   16,000원

*〈코페하우스〉는 한국재정경제연구소 출판브랜드입니다

 원고투고: 책으로 펴내고 싶은 독자의 지식의 담은 원고를 환영합니다. kofe@kofe.kr